医师责任保险基本法律问题研究

王欢 著

武汉大学出版社
WUHAN UNIVERSITY PRESS

图书在版编目(CIP)数据

医师责任保险基本法律问题研究/王欢著. —武汉：武汉大学出版社，2015.2

ISBN 978-7-307-15194-9

Ⅰ.医… Ⅱ.王… Ⅲ.医疗保险—职业责任保险—保险法—研究—中国 Ⅳ.D922.284.1

中国版本图书馆 CIP 数据核字(2015)第 028762 号

责任编辑:李　程　　责任校对:汪欣怡　　版式设计:马　佳

出版发行：**武汉大学出版社**　(430072　武昌　珞珈山)

(电子邮件：cbs22@whu.edu.cn　网址：www.wdp.com.cn)

印刷:武汉中远印务有限公司

开本：720×1000　1/16　印张:10　字数:143 千字　插页:1

版次:2015 年 2 月第 1 版　2015 年 2 月第 1 次印刷

ISBN 978-7-307-15194-9　定价:29.00 元

序

医学是一门“缺陷性”科学。面对人体无尽的奥秘，医学在各式各类顽固的慢性疾病和层出不穷的新型疾病前显得势单力薄，甚至无能为力。不论是对疾患个案进行不断的试错，还是对病患群体展开持续的研究，其中的医疗风险无处不在，又无可避免。而随着民众自我意识的日益崛起，在出现诊疗后的不利后果时，大多数人不再听天由命，认为是自己时运不济，而转而质疑医方的专业水平和操作流程，进而衍生医患纠纷，这成为危及社会稳定和谐的重要因素之一。

医患纠纷产生的原因是多方面的，主要涉及患者、医疗机构以及医务人员等群体。若处理不好，可能使患者丧失对医师、医疗机构，甚至对政府（我国大部分医疗机构是公立医院，实践中也不乏政府出面解决医疗纠纷的实例）的信赖，为“医闹”提供滋生的土壤和环境，也可能使医师采取“防御性医疗”，人为提升医疗费用、加大医疗成本，还可能使医疗机构采取保守经营，拒绝或审慎开展某些诊疗活动。自改革开放后，各地医疗机构和卫生部门采取了一系列措施，有效缓和医患矛盾，维护正常诊疗活动，积极填补患者损失，捍卫医方正当权益。但面对日益增加的医患纠纷和耳闻目睹的“医闹”现象，我们现有的制度总显得那么百密一疏。2014 年，党的十八届四中全会提出依法治国的新战略，这预示着医患纠纷的解决机制也将纳入法治化和规范化的轨道。我们必须立足现实国情，改变现有做法，创新化解途径，完善制度体系，形成一整套防范与化解、事前与事后、预警与处置相结合的具有中国特色的医疗制度。

毫无疑问，医疗机构或医务人员在诊疗活动中出现过错时，定将对患者承担民事责任。在此过程中，侵权法通过确定风险承担者来填补患者损失，而保险法通过转移（分散）医疗风险来填补患者损失。两相比较，前者往往会形成冗长的定责环节，患者获得损害赔偿的时间和过程显得漫长和不确定，医疗机构和医务人员也会因担心承担巨大的赔偿数额而倾向于采取“防御性医疗”；而后者因为有保险公司的介入而显得便捷迅速，患者可以及时获赔，医疗机构和医务人员也不必担心“一着不慎”而“后半生尽毁”。因此，保险，尤其是责任保险，因其独特的风险转移功能而成为医疗纠纷解决机制的重要组成部分。

在我国《侵权责任法》第七章医疗损害责任的立法框架下，医疗损害赔偿责任由医疗机构承担，与之相对应的责任保险机制即为医疗责任保险。它着眼于我国大部分医师从属于医疗机构（即受雇医师）的医疗体制现状，在卫计委、保监会等有关部门的行政推动和学界的持续关注下已成为填补患者医疗损失的保险机制中的核心险种。但是，随着自由执业医师（即自雇医师）的大量出现，医疗责任保险的作用范围出现了“盲点”和“空白区域”，医师责任保险作为现有制度的有力补充，应引起学界和实务界的高度关注。

其实，大部分的诊疗活动是由医师来完成的，自然也应由医师承担执业过错带来的不利后果。只不过在我国的特殊国情中，大部分医师从属于医疗机构，故依据雇主责任原理，医师为行为主体，医疗机构为责任主体。改革开放后，随着医疗体制改革的深入推进，部分具有“单位人”身份的医师转变为“社会人”，个体医师、多点执业医师、互联网医师等群体如雨后春笋般出现。这些现象可被视为对诊疗活动本质的“回归”，即医师作为诊疗活动的主体，其独立性日益增强，而医疗机构作为诊疗活动的场所，其对医师的束缚性日益减弱。毫无疑问，独立执业的医师必须通过医师责任保险而非医疗责任保险转移医疗风险，自雇医师与受雇医师并存的现状决定了医师责任保险定将与医疗责任保险并存。

在我国，医疗责任保险受关注的目光非常多，不论是基础制度构建，还是配套环节推进，不论是行政部门指示，还是学术机构研究，都已日臻完善和成熟。而医师责任保险的境况却相形见绌，行政部门至今没有出台关于医师责任保险的规范性文件，保险公司只有6家开设了相关险种（以中国保监会网站上的保险产品备案信息为统计样本），学界关于医师责任保险的研究更是凤毛麟角。医师责任保险在国外已经是一个相当成熟的险种，但在我国的发展状况实在不尽如人意，许多问题有待研究，许多研究处于起步阶段。为此，本书围绕医师责任保险基本法律问题这一主题，在医师责任保险的界定、强制性、合同主体、合同内容等方面展开研究，结合中国保险行业协会网站开发的保险产品查询系统中的数据，针对国内6家单独开设了医师责任保险（附加险）的公司提供的医师责任保险合同，对其中的差异之处进行分析，并尝试提出我国医师责任保险（附加险）合同范本。

当然，医患纠纷解决机制的构建是一个宏大的系统工程，医师责任保险只是其中的一部分。然“亿万千百十，皆起于一”，何况这个“一”就目前而言是大家关注甚少的，这就更需要我们加快研究进度和实务操作，才不致延误医疗体制改革的步伐，影响医患纠纷获得最优解决方案。囿于时间紧迫，本人学术水平有限，出现错漏和疏失在所难免。若本书能够抛砖引玉，引起学界和实务部门对医师责任保险的重视，即达到本书的写作目的了。

是为序。

王　欢

2014年11月16日

目　录

导　论

一、研究背景与研究意义

在传统的“家长式”医疗模式中，医师与患者之间类似于命令与服从的关系。患者必须遵从医师的指导开展治疗，不得对医师产生质疑。若治疗无效，甚至产生与预期效果相反的后果，患者多自认命运不济，断不会有埋怨医师甚至提出索赔之举动。而随着社会的发展和民众权利意识的提高，患者逐渐摆脱以往对医师的服从心态，患者与医师的地位也随之改变。患者对医师的信任度逐步降低，一旦产生自认为不利的医疗后果，便通过非理性抗争与医师交涉赔偿事宜；同时，医疗行为的日益专业化、精细化和机构化导致医师与患者之间的疏离，医学教育中职业道德教育的薄弱也在一定程度上造成了医师执业的专业态度和人文关怀的缺失。因此，近年来因医疗行为与结果发生纷争而造成的医患对立不断发生，医疗损害赔偿数额不断攀升，严重影响了医师执业的意愿和社会的稳定。加上医师参加责任保险的比率偏低，使得医师不得不消极采取防御性医疗行为，这可以说是目前我国因医疗纠纷衍生出来的最难解决的问题。

传统的侵权法可以通过确定侵权人的侵权责任弥补受害人的损失。但医疗行为不同于一般行为，具有高度的专业性、风险性和不可预计性。侵权法虽然能在某种程度上解决问题，但亦衍生出无法控制的后遗症：对医师的执业意愿产生消极影响。保险机制可以通过大数法则分散风险，但医疗责任保险过分倚重医疗机构，在普及的过程中，医疗纠纷赔偿金额将被转嫁至医疗费用上，使患者的医疗支出大为增加，易产生资源错置与社会危机。因此，建立一个完备的处理机制，一方面使受害者的权利得到切实的保护和救济，另一方面使医师不可避免的风险得到合理的转移，似为当务之急。

医师责任保险利用转移的方法，将个人或个别团体可能遭受损失之危险，借保险契约之订立，转移由集合多数同类危险单位之保险业者承担，使受害病患在最快速情形下能获得补偿，全部赔偿责任由保险人承担，而医师只需支付少数保险费，即可免受高额索赔之风险。它可以规避医疗纠纷此种不确定的风险，使医师能更安心地忠于职位、尽其职责；它可以使患者在发生医疗纠纷后，不必经过漫长的等待或剑拔弩张的谈判便可获得保险人给予的合理的医疗损害赔偿，这对于当事双方而言将会是“双赢”的选择。

然而，我国的医师责任保险发展相对薄弱，尤其是在理论研究上较少涉及。因此，在借鉴域外医师责任保险理论与实务的前提下，对我国医师责任保险进行研究，具有重大的理论意义和实践意义。

（一）有助于稳定患者情绪，填补患者受损权益

在发生医疗纠纷时，患者希望受损权益得到救济。若这一基本需求得不到满足，或得不到及时回应，就容易采取非理性的手段和方式来解决问题。医师责任保险通过保险公司的及时介入，在矛盾日益激化的医患之间起到一个“缓冲器”的作用，站在第三方的立场上做好协调工作，能够稳定患者情绪，避免无谓的过激行为的发生。同时，对患者而言，医师责任保险间接增强了医师的赔偿能力，降低了患者获取损害赔偿的成本，增加了患者获得损害赔偿的可能性。尽管患者不是医师责任保险的当事人，其利益却与医师责任保险机制的设计密切相关。因此，有必要结合这一特殊性对医师责任保险进行研究，使之通过保险机制迅速填补患者损失，重塑对医师的尊重和信任。另外，医疗行为的高风险性导致医疗损害频发、赔偿数额巨大，在保证保险公司基本运营和不对医师构成过重经济负担的前提下，还要保障患者的受损权益，也需要对医师责任保险的运行原理进行系统研究，构建可持续性运行机制。

（二）有助于减轻医师执业风险，提高医师业务水平

医疗行业的高风险性是公认的。即使医术再高明，医师也不能

百分之百保证在从业过程中不出差错。基于患者病情的特殊性和复杂性，医师一旦疏忽，就会造成患者的人身伤害，导致高额的损害赔偿。医师责任保险可以减轻医师的赔付压力，实现医师执业风险的社会化承担。它也使医师从复杂的协商谈判或医疗诉讼中解脱出来，避免出现因医疗纠纷产生的社会对自己名誉、专业能力等的质疑，从而排除杂念，放弃防御性治疗，集中精力提高业务水平和医疗安全意识。对医师责任保险进行研究，有助于更好地实现减轻医师执业风险，提高医师业务水平的制度目的，从而对医疗行业展开正面激励，促进医学技术的不断发展。

（三）有助于解决医疗纠纷，构建和谐医患关系

医疗纠纷当前已经成为社会关注的热点问题之一。医患关系的紧张程度不断增加，纠纷等级逐步升级，甚至出现“你死我活”的命案。“医闹”等社会丑恶现象为迫切解决医疗纠纷敲响了警钟。医师责任保险能够在产生医疗纠纷时由保险公司作为第三方介入，避免了医患之间的直接冲突：医师不必担心自己的人身安全，也不会在医疗诉讼上耗费过多的精力；患者不必反复向医疗机构或医师主张损害赔偿，更不用通过非理性手段争取自己的正当利益。相对于医疗诉讼、非诉讼的协商谈判以及其他非理性甚至非法的方式，医师责任保险能快速合理处理医疗纠纷，在这一过程中形成的常规化、规范化的流程也能够为之后类似保险事故的处理所采纳，从而形成良性循环，构建和谐医患关系，推动我国医疗卫生事业的健康发展。对其进行研究有助于尽快实现医师、患者“共赢”的局面。

（四）有助于相关学科建设和制度推广

对医师责任保险进行研究是对医疗领域的民事责任、保险理论的丰富和完善的过程。当前学界和实务界对医师责任保险的重视程度不够，导致医师责任保险在理论上的独立性和正当性饱受质疑，易与医疗责任保险产生混淆；此外，医师责任保险在实践中的开展情况不尽如人意，多数保险公司没有提供这一险种，各地推广程

度、步骤不一。通过探讨医师责任保险的基本法律问题，对医师责任保险性质的界定将更加清晰，对医师责任保险合同核心条款涵义的了解将更加深刻，同时能够不断丰富和完善医疗领域中的相关民事责任和保险理论，各个学科能够相互渗透、互相借鉴，共同推进医事法学理论研究的发展。同时，对医师责任保险法制加以研究，也可以统一立法，结束当前立法层级低、效力弱、调整范围有限的局面，有助于该制度在全国范围内的广泛施行。

二、国内外研究现状

（一）国内研究现状

我国大陆地区对于医师责任保险的研究状况可以归纳为四个特点，即起步晚、层次低、范围窄、数量较少。截至2014年年底，在中国知网以“医师”与“责任保险”作为关键词搜索文献篇名，得到相关文献18篇，包括会议论文3篇，报纸文献4篇，硕士论文4篇，期刊论文7篇。其中，真正围绕医师责任保险展开研究的文献仅有14篇。大陆地区对于医师责任保险的研究基本上是从2005年以后才开始起步的，较多的研究集中于对域外医师责任保险制度的介绍，且基本发表于卫生经济、医院管理之类的医疗卫生类刊物上①。大陆地区尚无关于医师责任保险的专门论著和系统性研究的博士论文，仅有的4篇硕士论文对医师责任保险的概念进行了初步探讨，对保险合同的主要条款内容作出了初步设计②。

相较针对医师责任保险进行研究的文献而言，针对医疗责任保险进行研究的文献不仅数量较多，而且研究范围较广，研究方法较

① 李国炜：《日本医师会医师赔偿责任保险制度介评》，《中国卫生法制》2011年第2期；徐喜荣：《日本医师会医师责任保险制度及其启示》，《中国卫生事业管理》2013年第11期。

② 王川：《国际医师执业责任保险若干法律问题研究》，大连海事大学2000年硕士学位论文；曹霏：《医师职业责任保险若干法律问题研究》，吉林大学2004年硕士学位论文；沈思言：《医师专家责任保险研究》，山东大学2005年硕士学位论文；杜康宁：《医师责任保险制度研究》，湖南大学2009年硕士学位论文。

多。截至2014年，国内已有三本关于医疗责任保险的专著①。在中国知网上以“医疗责任保险”作为关键词搜索文献篇名，得到相关文献449篇，包括会议论文7篇，报纸文献140篇，博士论文2篇，硕士论文36篇，期刊论文248篇，特色期刊论文16篇。但这些文献多数是介绍性的，或仅仅就各地医疗责任保险试点的相关问题进行一般探讨，真正进行较为深入的研究，对医师责任保险有较大借鉴意义的文献少见。

由于法制的差异，我国台湾地区对医师责任保险的研究起步较早，研究较为深入，且注重社会调查和实证研究。除少量专门针对医师责任保险展开论述的论文外，台湾地区有较多的学位论文对医师责任保险进行了系统的研究。这些文献讲求实用性，大部分在文末附有调查报告，或从医疗纠纷或医患矛盾的化解入手，结合侵权法、保险法和医事法，以填补病患损失为中心，提出构建医师责任保险的必要性和具体路径，并结合“强制医疗责任保险法草案修正案”提出立法建议②；或比对不同的医师责任保险机制，提出可供借鉴的具体内容③。

涉及医师责任保险或研究医疗责任保险，且对医师责任保险有较大借鉴意义的国内文献，研究和探讨的内容主要有以下几方面：

---

① 谭湘渝：《医疗责任保险研究》，上海财经大学出版社2008年版；曾言、李祖全：《医疗责任强制保险制度研究》，湖南师范大学出版社2009年版；吕群蓉：《医疗责任保险制度法理基础与制度构建》，中国政法大学出版社2014年版。

② 高添富：《医师责任与保险法制之研究》，台湾政治大学2002年硕士学位论文；陈文袖：《论强制医师专业责任保险——以医疗事故受害人之损害填补为中心》，台湾东吴大学2005年硕士学位论文；谢子建：《论建立合理解决医疗纠纷机制——以强制医师责任险为中心》，台湾东吴大学2009年硕士学位论文。

③ 林义城：《从各国医疗法律责任规范论我国建立医师医疗责任险法制化》，台湾东海大学2006年硕士学位论文；王惟琪：《医师专业赔偿责任保险——兼论采行日本医师会医师赔偿责任保险之可行性》，台湾大学2007年硕士学位论文；邓文豪：《医师责任保险研究——兼论采行日本医师会医师赔偿责任保险之可行性》，台湾东吴大学2012年硕士学位论文。

1. 医师责任保险之独立性

大多数学者逐渐认识到在我国建立医疗责任保险的必要性和可行性。他们多从化解医疗纠纷的角度切入，结合医疗责任保险的特性展开论述。如刘同君、夏民认为，医疗责任保险具有的适法性、公正性、预防性，不失为当前医疗纠纷处理的新路径①。也有部分学者通过解析侵权法与保险法的互动关系论述医疗责任保险的功能和作用。如陈绍辉、刘璇认为，医疗责任保险有利于减轻医院的损害赔偿责任和强化医疗侵权责任的赔偿功能，从而在一定程度上弥补了侵权责任在解决医疗纠纷中的局限性。同时，医疗责任保险也可能弱化医疗侵权责任制度的事故预防功能②。但是，绝大部分学者没有注意到医师责任保险与医疗责任保险的区别，在论述时不加区分，一概而论。这极大地影响了医疗纠纷的解决效果，也不利于医师责任保险在我国的发展。个别学者虽提出医师责任保险的概念，但未能进行进一步的分析，对该险种的研究止于起步阶段。如孙书阁、杨琳提出，中国的医疗责任保险应当属于综合型的医疗责任保险，既应包括医疗机构责任保险，也应包含医师责任保险③。

可见，构建医疗责任保险制度在学界已经形成共识。但笔者认为，应以发展的眼光看待这一问题。不论是医疗责任保险还是医师责任保险，最终目的都为分散医疗风险，化解医疗纠纷。在医疗活动中，医师是行为主体，损害后果的发生与其关系最为密切，且在产生医疗损害后，医师首当其冲成为患者追究责任的对象。所以，应通过责任保险制度主要加强对医师的执业保障，提高医师的风险防范意识。另外，随着医疗体制改革的深入和医师“多点执业”的推广，自雇医师和受雇医师将并存。单纯依靠医疗责任保险并不足以解决自雇医师的执业风险分散问题，易产生保障缺口。当前单

① 刘同君、夏民：《医疗纠纷处理的新路径——医疗责任保险初探》，《医学与社会》2001 年第 1 期。

② 陈绍辉、刘璇：《医疗责任保险与医疗侵权责任的互动——关于医疗责任保险可行性分析的新视角》，《中国卫生事业管理》2004 年第 9 期。

③ 孙书阁、杨琳：《论中国医疗责任保险的法律类型重构》，《经济研究导刊》2012 年第 17 期。

一的医疗责任保险必定会在未来演变为二元化的医疗责任保险——医疗机构责任保险和医师责任保险。理论界应对此作出回应，通过前瞻性的研究为医师责任保险的建立奠定理论根基和制度基础。

2. 医师责任保险之实施方式

虽然学者的论述对象为医疗责任保险，鉴于医师责任保险与医疗责任保险在某种程度上的相似性，可在部分场合互换二者的概念。欲解决医师责任保险的定性问题，可参考医疗责任保险的相关研究。而针对医疗责任保险在实施中的种种问题，强制实施的方式受到了大多数学者的支持。如毛翀认为，建立强制医疗责任保险制度、实现医疗损害赔偿社会化分担是管理医疗风险、缓解医患矛盾、解决医患纠纷的必然要求和重要途径①。陈玉玲建议将医疗责任保险立法为强制保险，并且从社会系统工程角度解决立法、卫生体制改革与政策等方面存在的问题②。袁晓晶、骆绪刚也建议推行强制性医疗责任险，完善卫生法律法规，改革医疗体制③。此外，部分学者进一步提出强制医疗责任保险的实施路径和推广方式。如谭湘渝、许谨良认为，应当首先要求中小医疗机构强制参保，同时应当高度重视强制保险带来的适当性和有效性约束的问题④。周成泓认为，商业险不应作为主流，而是应当强调强制医疗责任保险公益性⑤。吴海波、黄淑云认为，综合国外强制医疗责任保险的发展现状与未来发展趋势，主要有两种实施模式可供选择，即立法模式与政府主导模式。在具体实施过程中必须结合本国实际情况，否则

① 毛翀：《对建立强制医疗责任保险制度的思考》，《内江科技》2010年第1期。

② 陈玉玲：《强制责任保险：我国医疗责任险发展取向》，《上海金融》2002年第1期。

③ 袁晓晶、骆绪刚：《医疗责任保险及其法律问题研究》，《兰州学刊》2004年第2期。

④ 谭湘渝、许谨良：《我国实行强制医疗责任保险的基本问题研究》，《保险研究》2008年第6期。

⑤ 周成泓：《我国医疗责任保险模式选择——以医疗诉讼为视角》，《企业经济》2013年第3期。

往往难以把握其优缺点①。廖晨歌认为，推行强制的医疗责任保险制度可以有两种方式——以行政命令手段或以法律手段，且立法强制医疗责任保险必须解决科学厘定保险费率，制定和完善专门调整医疗过失的民事特别法，以及加快制定与医疗过失责任的法规相匹配的医疗体制改革的政策和实施措施②。

总体上说，上述分析主要肯定了医师责任保险的强制性特点，在我国目前参保率不高的现实国情下具有积极意义。笔者认为，在采取强制性的医师责任保险的既定前提下，应进一步考虑强制的内容和措施，才能真正使这一制度有效开展。保险活动毕竟是市场活动，若通过政府强制干预，就必须清晰界定强制的界限，否则极易违背市场规律，达不到应有的效果。此外，强制性医师责任保险未必是医师责任保险的长期形态，在保险市场成熟、保险产品稳定、保险客户固定的情况下，是否可以考虑将强制性改为任意性，值得考虑。

3. 医师责任保险之组织形式

医师责任保险与医疗责任保险的组织形式也具有一定的相似性。对于医师责任保险的组织形式，理论界存在不同看法。乔世明认为，针对我国的国情，我们应该建立一种互助性的医疗责任保险，由医师协会负责处理医患纠纷的一切事宜③。刘康复则认为我国应构建单一的医生相互强制保险的医疗责任保险模式④。龚赛红等在比较我国建立医疗责任保险的三种备选模式，即建立政府、医疗机构、医务人员三方共同出资的社会医疗责任保险基金——政府既出钱，又给政策的模式，在现有商业性医疗责任保险基础上加强

---

① 吴海波、黄淑云：《强制医疗责任保险实施模式探讨》，《中国卫生资源》2009 年第 4 期。

② 廖晨歌：《论我国强制医疗责任保险立法的必要性》，《中国卫生事业管理》2011 年第 10 期。

③ 乔世明：《我国医疗责任保险模式之探讨》，《中南民族大学学报(人文社会科学版)》2006 年第 3 期。

④ 刘康复：《论我国的医疗责任保险模式》，《社会科学论坛》2005 年第 10 期。

政府管理职能——政府不出钱，只给政策的模式和医疗风险互助金模式的基础上，建议发展商业性医疗责任保险作为此三种模式的补充①。

对于医师责任保险的组织形式，学者多借鉴域外做法而提出观点，尚缺乏对我国特殊国情的把控。笔者认为，我国医师协会等民间组织力量过于薄弱，不足以在医师责任保险中发挥过多的作用；医疗机构通过医师责任保险与医疗机构责任保险的分化，可从原先繁重的赔付义务中解脱出来，不可能再次背上医师责任保险的重担。至于医疗风险互助金等基金模式，我国又缺乏具有公信力和执行力的机构参与执行。在强制医师责任保险模式下，只能通过法律为主、政策为辅的强制模式，由政府加以干预，立法强制医师参保、保险公司承保，同时配以一定的税收等政策优惠，使该险种得以进一步发展。

4. 医师责任保险之配套措施

医师责任保险涉及医师（医疗机构）、保险公司、患者等多方利益主体，最终目标在于化解医疗纠纷，保障医师和患者的权益。在具体制度构建过程中，必须考虑采取相应的配套措施，以保障医师责任保险的良性运行和持续发展。医疗责任保险的相关配套措施值得借鉴。刘宇认为，有必要采取包括建立医疗责任保险试行期磋商谈判机制、开放保险市场、实现医疗行政责任与民事赔偿责任分离、发展医疗责任保险同时鼓励患者购买医疗风险保险等措施②。李自玉、黄宏起认为，应当制定医疗责任强制保险条例，强制推行该制度；保险公司方面，应当完善医疗责任保险条款，提供差异化的医疗责任保险产品，加快医疗纠纷处理人才的培养，建立医疗风险信息数据库；医院方面，应当要求各医疗部门和医护人员做好本职工作，提供高质量的医疗服务；患者方面，应当

① 龚赛红、刘方、陈方等：《在我国建立医疗责任保险的备选模式》，《中国医院》2007年第9期。

② 刘宇：《关于医疗责任保险的探讨》，《中华医院管理杂志》2005年第5期。

具有风险意识，根据个人情况购买个人意外事故保险，在出险后，患者不仅可以获得医疗机构的赔偿，也可以从意外事故保险中获得补偿，以便得到更充分的保障①。李成修等认为，引入保险经济公司协调解决医疗责任保险的投保问题，引入公共评估机构解决医疗争议，适时推出强制医疗责任保险，进一步扩大保险范围和险种范围②。

以上建议主要是围绕实际运行中的种种问题进行的讨论，还有大量领域没有涉及，有待进一步的探讨。笔者认为，对医师责任保险的研究不应局限于该制度本身，而应将其放置在化解医疗纠纷的大框架下展开研讨。其中涉及侵权法和保险法的界分和互动，第一方保险和第三方保险的风险分配和重叠，以及医师责任保险和医疗机构责任保险的范围与对象；也涉及医师、医疗机构、患者、保险公司、政府等多个主体之间的利益分配和平衡。故单纯就制度论制度是不能达到预期的研究目的的，必须通过系统性、体系化的研究，对整体的运行机制展开分析，才能实现解决医疗纠纷的目的。

5. 医师责任保险之比较研究

医师责任保险在域外发展较为成熟，也有部分学者对域外医师责任保险或医疗责任保险的制度和模式进行介绍，并初步探讨了适合我国国情的某些医疗责任保险途径。如李国炜对中美医疗责任保险的市场主体、产品供给、运营环境、运作实践和医界的保险意识进行比较分析③，唐强、李飞就美国医疗责任保险的现状和美国医疗责任保费上涨原因展开论述④，杨帆等对日本的医疗责任保险制

---

① 李自玉、黄宏起：《对医疗责任保险制度良性发展路径的思考》，《西南石油大学学报（社会科学版）》2012 年第 3 期。

② 李成修、丁伟芳、尹爱田等：《医疗责任保险的潜在缺陷与发展建议》，《中华医院管理杂志》2005 年第 9 期。

③ 李国炜：《中美医疗责任保险之比较研究》，《医学与哲学》2005 年第 4 期。

④ 唐强、李飞：《医疗责任保险在美国——兼谈对我国医疗改革的启示》，《中国保险管理干部学院学报》2003 年第 5 期。

度进行介绍①，陈玉玲采用比较法分析我国台湾地区和大陆地区的医疗责任保险格式合同条款②，郑雪倩等介绍国外医疗责任保险的三种模式，即以美国为代表的自保型；以英国、加拿大为代表的政府投保型；以日本为代表的团体入保型③。

以上研究总体上说仍停留在介绍层面，对域外医师责任保险的研究尚不够深入，也未紧密结合不同国情之区别进行深度对比。这与我国医师责任保险的发展尚不成熟有直接关系。笔者认为，比较研究之最终目的在于内化运用，应立足于我国经济社会现状，结合当前医疗体制改革，有比较、有鉴别地吸收域外医师责任保险机制的可取之处，才能构建有中国特色的医师责任保险制度。在比较研究时尤其应注意选取有比较意义的研究对象，同时注重通过比较得到有益于我国相关制度构建的结论，才能对我国医师责任保险的建立和实施具有启示意义。

6. 医师责任保险之实践研究

近年来，随着医疗体制的改革和市场经济的发展，医疗责任保险的发展逐渐引起了学界的重视。各地纷纷开始探索实施医疗责任保险乃至医师责任保险的新途径和新方法。部分学者对此进行了调查和总结，并提出相应的对策。王丽芝、吕群蓉认为，深圳市的医疗责任保险的运行情况不容乐观，应放宽责任保障范围，建立风险共担、激励与约束和强制保险制度，完善医患纠纷调解机制等推广对策④。谭光明等认为，湖南省某市的医疗责任保险还存在许多不足，建议争取得到卫生行政部门、医学会等部门的大力支持，协调好各种关系，扩大医疗责任保险的范围，增设其他险种，保险公司

---

① 杨帆、刘茜、杨天潼等：《日本的医疗责任保险制度及对我国的启示》，《医学与社会》2008 年第 10 期。

② 陈玉玲：《海峡两岸医疗责任保险合同的比较研究》，《中国医院管理》2004 年第 1 期。

③ 郑雪倩、王浩、陈欣等：《国外医疗责任保险的三种模式》，《中国医院》2007 年第 9 期。

④ 王丽芝、吕群蓉：《医疗责任保险推行现状与推广对策探讨——以广东省某市为例》，《中国卫生事业管理》2012 年第 8 期。

与教育部门进行合作，为保险部门培养实际需要的复合型人才①。王海荣认为，山西省医疗责任保险模式的创新应该运用“政策引导、政府推动、专业辅助、市场运作”的发展模式②。张音等认为，云南省1999—2003年这5年的医疗执业责任保险状况表明，医疗执业责任保险的健康发展，医疗损害处理的妥善解决，还有赖于医疗损害赔偿社会化解决的整体方案③。吴海波、江乐盛总结国内部分地区的试点经验并借鉴国外的成功做法后认为，在创新政策性保险与强制保险实施模式的基础上，将二者有机结合起来，是实现该险种普及化与广覆盖的有效途径之一④。

以上研究集中于在经济发达地区的医疗责任保险市场与实施情况的调研，不具有普遍性；研究以总结为主，理论深度不足，有待进一步完善。笔者认为，我国不仅与他国相比，国情甚为特殊，各地医疗条件、体制、状况也不尽相同。对医师责任保险的实施情况进行调研，首先必须结合当地的实际情况，但更重要的是对该制度在全国范围内的大规模施行提出具有可操作性的结论和建议。所以在进行实践调研时，必须着眼于医师责任保险内在的具有规律性和普遍性的实质，才能对今后的实践操作提出指导性意见。同时，医师责任保险涉及医学、保险学、法学等多个领域，在研究时应融汇跨学科知识，多角度阐释，多维度论述。

（二）国外研究现状

国外，尤其是欧美国家的医师责任保险已经有几十年的发展历史，对医师责任保险的研究也较为深入。美国对医师责任保险的研

① 谭光明、陈莉、黄锐等：《湖南省某市医疗责任保险推行情况实证分析》，《医学与社会》2009年第7期。

② 王海荣：《山西省医疗责任保险模式创新探索》，《山西财经大学学报》2009年第S2期。

③ 张音、刘刚、田桦、师现伟：《云南省医疗执业责任保险回顾分析》，《中国医院统计》2007年第2期。

④ 吴海波、江乐盛：《医疗责任保险实施模式创新研究》，《中国卫生事业管理》2012年第1期。

究多采用经济学分析方法，主要集中于侵权法律改革和医师责任保险现状的分析。Danzon 分别就美国 1970—1978 年以及 1975—1984 年美国医疗过失责任索赔的频率和索赔额进行了统计分析，就赔偿限额规定、有担保赔偿、每单位律师数量、城市化等因素对责任索赔的频率和索赔额的影响进行了统计回归分析①。Born 和 Viscusi 通过分析来自保险市场的6000 个数据，对 20 世纪 80 年代侵权责任改革对保险市场的影响加以研究，认为该改革对控制医疗过失责任损失以及保险保费的增长只有很有限的影响②。Bhat 引用大量统计数据，通过各种统计分析，对美国的医疗过失侵权责任系统进行了一个综合性的分析，得出一些重要结论，包括医疗过失索赔额随着不同医生专业、年龄以及开业区域的不同而有显著变化，在保险人收取保费和支付赔款之间存在明显的时滞③。

欧洲学者则将医师责任保险放置在侵权法与责任保险之间的关系中加以考量，主要着眼于医疗损害的转移和分散。Faure 认为，医疗服务提供者通过责任保险覆盖其责任承担。当保险公司能充分控制道德风险时，高效的保险契约应该能够控制被保险人的行为，并以与侵权法同样的方式为预防措施提供激励④。米夏埃尔·富尔注意到欧洲医疗事故的扩展责任导致责任保险市场局势紧张。实践中出现自行保险和责任保险相结合的情况，但仍无法克服各自暗含的危险。必须将医疗事故保持在合理限度内，使责任保险公司能够承保这些风险。如果专业的责任保险公司可充分区分各风险，也将

① Patricia Munch Danzon. New Evidence on the Frequency and Severity of Medical Malpractice Claims. http：//www. rand. org/pubs/reports/R3410. html，2014-06-23.

② Patricia Born，W. Kip Viscusi. Insurance Market Responses to the 1980s Liability Reforms：An Analysis of Firm-Level Data. Journal of Risk and Insurance，1994，61（2）：192-218.

③ Vasanthaku N. Bhat. Medical Malpractice：A Comprehensive Analysis. Praeger Publishers，2003.

④ Faure，M. . Interdependencies between Tort Law and Insurance. Risks，Decision and Policy，1997：193-210.

对医疗服务提供者的谨慎提供最佳激励①。鲁伊·卡斯考和朗德·亨德里克斯通过考察不同国家医疗事故的统计数据后发现，患者因伤害而获赔的方式是大相径庭的，其在瑞典、芬兰和丹麦的法律制度里发生了较大的转移：责任法实际上被无过错权利标准所取代。这有利于患者的无过错权利标准之实现，也有利于集中的索赔解决程序。而在英国、法国和德国也发生了一定的转移②。

由于国外医疗体制以及法律制度与我国存在较大差异，而且经历过多次医疗责任法规的变迁，其医师责任保险模式也与我国有很大区别。因此，尽管上述文献的研究范围和研究方法对我国学者有一定的启示，其研究内容对我国医师责任保险立法亦有一定的借鉴作用，但研究结果难以直接移植应用到我国医师责任保险的发展上。笔者认为，国外对医师责任保险的研究在某种程度上表彰了此类研究的发展趋势。这提示我们必须结合社会的发展和保险市场的变化，将医师责任保险放置在更为广阔的领域内，作为庞大的医疗损害救济体系之一部分加以讨论。医师责任保险是医疗风险分散的方式之一，在设置时应注意与其他制度的衔接和配合，才能达到良好运行的目的。

（三）医师责任保险研究展望与本书研究内容选取

总地来说，我国医师责任保险徒有其名，未见其实。实务中基本没有实施先例，理论上也普遍缺乏系统研究。总结医师责任保险的研究现状，笔者认为应在承认其独立性的前提下，借鉴医疗责任保险的部分设计，结合我国国情和相关制度，从宏观、中观和微观三个层面对医师责任保险进行进一步研究：在宏观层面，应围绕分散医疗风险、填补患者损失这一主旨，从侵权法和保险法的互动入

① ［荷］富尔、［奥］考茨欧：《医疗事故侵权案例比较研究》，丁道勤、杨秀英译，中国法制出版社2012年版，第361～362页。

② ［奥］鲁伊·卡斯考、［荷］朗德·亨德里克斯：《医疗不良事件中的赔偿转移》，［荷］范博姆、［荷］富尔：《在私法体系与公法体系之间的赔偿转移》，黄本莲译，中国法制出版社2012年版，第176～177页。

手，在保险法中考量第一方保险与第三方保险的分工，从而探讨医师责任保险应有的地位和发挥的作用。在中观层面，应着眼于医师责任保险与医疗机构责任保险的分野，研判二者各自的适用范围和相互之间的衔接，为充分发挥医师责任保险之快速合理解决医疗纠纷的作用提供具体思路。在微观层面，应详细分析医师责任保险的概念、性质、合同主体、合同内容和理赔程序，通过医师、医疗机构、患者、保险公司甚至政府之间的权利（力）、义务分配，实现该制度的良性运行。

本书即着眼于微观层面，以医师责任保险的实践运行为线索，就争议较大或研究不周之处展开论述，着重考察了医师责任保险合同的具体构造，并结合我国现有的医师责任保险合同条款内容，从学理上予以分析，从法制上提出合同范本。

三、研究方法与主要观点

（一）研究方法

本研究具有涉及多门学科，理论密切联系实践的特色。本研究将法学、保险学、医学、经济学等多学科知识有机结合在一起，尝试采用文献分析法、比较分析法以及实证分析法展开研究。

第一，文献分析法。通过文献检索工具和引文追踪等方法查阅不同国家和地区有关医师责任保险的专著、论文等，综合其中的观点，引用其中有价值的内容，并针对已有研究的不足展开论述。

第二，比较分析法。比较国内外的医师责任保险模式，探寻更适合现阶段我国国情的医师责任保险合同范本。

第三，实证分析法。通过对保监会相关资料和保险法案例的实证研究，获取客观调查材料，归纳改革完善建议。

（二）主要观点

本书围绕医师责任保险基本法律问题这一主题，在医师责任保险的界定、强制性、合同主体、合同内容等方面展开研究，结合中国保险行业协会网站开发的保险产品查询系统中的数据，针对国内6家单独开设了医师责任保险（附加险）的公司提供的医师责任保险合同，对其中的差异之处进行分析，并尝试提出我国医师责任保险（附加险）合同范本。本书的主要观点和研究内容如下：

1. 医师责任保险制度宏观研究

在风险社会，侵权法的局限性愈加明显。面对不可避免且不可控制的医疗风险，侵权法必须与保险法有效结合，共同分散医疗风险，以达到化解医患矛盾，处理医疗纠纷的目的。而医疗责任具有的二元性，即医师责任与医疗机构责任的分立为医师责任保险奠定了理论上的可行性和现实中的必要性。医师责任保险能够分散医疗风险，保障医师权益，填补患者损失，在和谐社会和法治中国背景下势在必行。任意性医师责任保险囿于自身局限性在医疗纠纷中难以发挥出应有的作用，而强制性医师责任保险通过对契约自由的限制，能够最大程度保护受害人获得基本赔偿，防止“逆选择”并稳定保险市场，提高医疗品质并矫正医疗纠纷处理方式。我国医师责任保险应为强制性保险，即投保人有加入保险的义务，保险人有接受保险的义务。

2. 医师责任保险制度中观研究

医师责任保险在我国具有广阔的运营市场和发展空间。保险人应采取一般公办民营的形式为宜，即保险人应为一般的商业保险公司，通过政府审核登记，可经营医师责任保险，并接受政府主管部门的监督管理。医师与医疗机构均可成为投保人。至于缴纳保费的比例，可根据诊疗活动的不同由医疗机构与医师自由协商并定期调整。被保险人除医师外，还包括符合一定条件的见习生、实习生以及进修医生，但不包括医疗管理及后勤人员。保险费率的厘定应遵守充分性原则、公平合理原则、稳定灵活原则和促进防灾防损原则，在调整时充分考虑前期索赔历史记录、医师执业地域影响、索赔发生制保单的到期影响、医师专业技术的相关证明等因素。医师责任包括行政责任、刑事责任和民事责任，后者又包括违约责任和侵权责任。医师责任的主观状态是过失，客观后果是医疗损害，保单类型包括事故发生基础制和索赔基础制。不保事项一般包括原因除外责任和损失除外责任。另外，医师责任保险一般设有责任限额。

3. 医师责任保险制度微观研究

在保监会登记备案的保险产品中，开设医师责任保险（附加险）的保险公司仅有6家。对我国现有的医师责任保险合同条款进行对比可见，保单类型（承保时间）、承保对象、承保范围、不保事项、附加险五个方面差异较大。在分析总结的基础上，本书拟定我国医师责任保险（附加险）合同范本，供保险公司和相关机构参考。

在实际行文中，全书分为三大部分。第一部分是基础理论阐释，包括第一章和第二章；第二部分是具体制度建构，包括第三章和第四章；第三部分是现状实证分析，体现为第五章。

第一章 医师责任保险的界定

第一节 医师责任保险的缘起

一、风险社会、侵权法与保险法

当今社会是一个风险社会。尽管“风险”的最关键意义究竟是指其暗含的不确定性或者危险本身，抑或是指应对危险和不确定性的手段或者方式，学界并没有完全达成一致。甚至具有一定代表性的观点还认为，风险与法律理论的关系并不密切，因为学者仅将风险作为法律理论的工具。① 但是，不可否认，“风险”这一词汇在当代应当具有普遍意义。在现代化的工业社会，新的风险事件层出不穷。这些风险事件越来越难以控制，也难以得到可信的衡量。我国的法律尚不能完全预设风险的发生，却要面对应接不暇的风险后果，疲于应付各类受损的权益。这不论对于立法者、司法者，还是对于全社会公众而言，都是一个巨大的挑战。

侵权法是最早用于解决这一问题的法律。作为填补受损者权益的强制性规定，侵权法有效扭转了侵权人和受害人之间的失衡状态，通过对侵权人的追责实现了二者权利义务的平衡。但是，在风险社会，侵权法的运用似乎遭遇到了瓶颈。这种障碍一方面来源于无“义务”的“责任”，一方面来源于个人力量的薄弱。

以往我们提到“风险”，总会联想到“责任”。但这里的

① ［英］珍妮·斯蒂尔：《风险与法律理论》，韩永强译，中国政法大学出版社2012年版，第3～5页。

"责任"恐怕不能单纯和法律意义上的"义务"对应的"责任"画上等号。"风险"所带来的"责任"是与"风险"的伴生物——"损害"相对应的。或许没有人违反了任何义务，但是损害产生了，接下来的问题自然是谁应当负责。传统的"冤有头债有主"的侵权法思维在此时找不到出路：没有义务，何来责任？

另外，在风险社会，大规模侵权十分普遍。一旦遭遇众多受害人，侵权人的责任承担能力总是让人十分担心。法律固然不能让受害人寒心，但面对侵权人的身心俱疲也无能为力。从长远发展来看，若依旧遵循传统侵权法的做法对高危行业实行追责，恐怕也不利于该行业的进一步发展。那么，我们应如何应对风险社会的到来呢？

具体到医疗领域，医疗风险体现得淋漓尽致，医疗侵权法的实施情况令人担忧。医学本就是自然科学与社会科学的结合体。① 自20世纪以来，自然科学和社会科学逐渐融合，相互之间不断渗透。② 在自然科学方面，医务工作者不断通过现代科学技术，探寻人体的未知秘密。这从另一方面而言，也说明医疗风险是不可避免甚至是不可控制的。在社会科学方面，医疗问题是社会问题的一部分。它与病患的切身利益息息相关，在医疗行为的特性、医师与病患的关系、医疗事故与医疗责任等方面，都与法律有着错综复杂的关系。所以，必须从法律的角度对医疗活动③中出现的各个问题加

---

① 黄丁全：《医事法新论》，法律出版社2012年版，第1页。

② 赫尔曼·康特诺维茨在1911年根据康德的学说描述社会学与法学的关系说："没有社会学的法学教义学是空洞的，没有法学教义学的社会学是盲目的。"转引自［德］托马斯·莱赛尔：《法社会学导论》，高旭军译，上海人民出版社2008年版，第10页。这里也可以套用他的话来描述自然科学和社会科学之间的关系。

③ 医疗活动在性质上主要是指医务人员，尤其是医师提供的诊疗服务。在医患关系中，医师运用自己的专业知识和技能对患者进行诊断、治疗，提供的是劳务而非商品。正是基于这种服务性，医师除了必须履行医疗、告知、保密等义务外，大多数医疗机构还对其服务态度提出硬性要求，并以内部规定等形式予以实施。

以研究。侵权法正是运用于医疗领域最常见也是在起初最有效的法律手段。

但是，在风险社会，医疗活动较一般活动的风险更大、更不可控，与患者的切身利益联系更密切，受损结果更不可估量。通过传统侵权法进行追责，难免会产生“防御性医疗”① 的副作用，促使医师和医疗机构进行道德上的“逆向选择”。而随着生活水平的提高和法律意识的增强，民众对医疗活动有了更高层次的要求。一旦发生医疗损害，他们不会再仅仅埋怨自己的命运不济，却转而质疑医疗行为的正当性，并诉诸法律以求对自己的受损权益进行保护，更有甚者，希冀通过“医闹”等极端方式逼迫医疗机构或医务人员满足某些不合理、不合法的要求。这些导致了医患关系的紧张和医疗纠纷的加剧。显然，侵权法已经不能解决这些问题，医疗责任保险便应运而生。

一般而言，处理纯粹的风险有四种基本方法：回避、减少、自留和转移。② 医疗机构和医务人员不可能拒绝收治高风险的病患，也没有能力大幅减少甚至消除医疗风险。若自己承担该风险，则需要具备强大的风险分散能力。那么，综合医师个人和医疗机构的经济能力，最适当的方式就是转移。③ 医疗责任保险可以将医疗风险转移给保险公司，从而分散医疗风险，同时对受损的患者进行救

① 防御性医疗（defensive medicine）是指医生在诊治疾病过程中为避免医疗风险和医疗诉讼而采取的防范性医疗措施，也称自卫性医疗或防卫性医疗。

② 范贞：《医疗责任保险的思考》，《法律与医学杂志》2007 年第 3 期，第 203 ~ 204 页。

③ 转移的方式往往会招致道德上的批判。批评者认为这种方式不能使侵权人通过承担侵权责任而真正认识到自己的过错，相反，这其中还有投机取巧，甚至暗含鼓励的意义。但如前文所述，严格执行侵权法的后果是受害人不一定能得到完全的赔偿，但侵权人一定会承受不起较大数额的赔偿。若能通过转移填补受害人的损失，同时使侵权人付出必要的代价，也未尝不是一件好事。

济。尽管在风险社会，如何控制风险是一回事儿，① 如何分散风险是另一回事儿，② 但目前呈现的状态就是：侵权法和保险法相互补充，在化解医疗纠纷、缓和医患矛盾方面各自发挥着不可替代的作用。

二、医疗责任的二元性

在医事服务和医事行政管理过程中，国家机关、企事业单位、社会团体和组织以及公民个人等，或因服务行为发生了不良后果，或因医事行政、监督管理行为是否侵犯了管理相对人的合法权益，在认识和事实认定或处理上产生矛盾分歧，其中一方要求查明事实、分清是非、追究责任、赔偿损失等，将引起医事争议。③ 根据执业主体的工作性质、职业、职责范围和发生事实等不同，医事争议可以分为医事民事争议、医事行政争议与医事刑事争议。本书主要讨论医事民事争议，在民法的范畴内研究责任承担问题。

在医事民事争议中，医师或医疗机构应负之民事责任包括侵权行为之损害赔偿责任和契约债务不履行之损害赔偿责任，④ 即损害

---

① “侵权法能够、而且应该创设促进在安全方面进行投入的激励机制……将侵权事故发生率降低到一个合适的水平。只要降低风险的成本低于期待的收益（体现为被避免的法律责任），则风险可以被降低。”通过侵权法对损害责任的设定，如考察行为人的过失而对其科以一定的注意义务，可以激励其更加注意风险的防范。参见［英］珍妮·斯蒂尔：《风险与法律理论》，韩永强译，中国政法大学出版社2012年版，第68页。

② 保险原则认为，“在不能够或者不应该预防风险之情形，风险负担应该被分散开来”。诊疗活动中充满了无数的未知和可能性，特别需要通过医疗责任保险以保障患者、医疗机构和医务人员三方的利益。那么，谁最有可能成为“最佳保险人”，分配正义在其中起着至关重要的作用。参见［英］珍妮·斯蒂尔：《风险与法律理论》，韩永强译，中国政法大学出版社2012年版，第70页。

③ 徐正东、刘博主编：《医事争议处理法学》，四川大学出版社2011年版，第15页。

④ 医事民事争议中还存在患者一方的民事侵权责任或违约责任，如《侵权责任法》第六十四条规定，干扰医疗秩序，妨害医务人员工作、生活的，应当依法承担法律责任。

患者生命健康等权益（并由此损害患者的财产权益）而应负的侵权责任与违反医疗服务合同权利义务约定而应负的违约责任。理论上说，这两种争议都可适用《执业医师法》、《医疗机构管理条例》等法律法规，但在进一步的法律适用上略有不同：追究侵权责任应适用《侵权责任法》，而追究违约责任应适用《合同法》。在二者发生竞合时，患者通常都会选择主张侵权损害赔偿责任。本书也将在侵权法视角下展开分析。

医疗责任又被称为医疗损害责任、医疗侵权责任。按照《侵权责任法》第五十四条的规定，“患者在诊疗活动中受到损害，医疗机构及其医务人员有过错的，由医疗机构承担赔偿责任”。可见，在侵权法领域，医疗责任是笼统由医院来承担的。但是，现行立法的这种设置是否合理，仍存疑问。本书认为，医疗责任具有二元性，可细分为医师责任与医疗机构①责任。②

（一）医师责任与医疗机构责任的历史

从远古时代开始，人类就一直在寻找治疗疾病的方法。早期的人相信疾病是神的惩罚，认为僧侣和巫师可以治好他们的病。公元前5世纪，希腊医生希伯克拉底将医学从巫术和宗教中解放出来，确立了医学的专业性。③ 希罗多德在《历史》一书中提出：“医学技术是这样划分的，每个医师要掌握一种疾病而不是更多。所到之

---

① 医院与医疗机构是不同的概念，前者从属于后者，是后者的重要组成部分。我国现行法律法规（包括《侵权责任法》）主要使用“医疗机构”的概念。

② 杨彪提出，医疗损害赔偿责任有两种承担模式——医师责任与医院责任。在梳理了二者的发展过程之后，他通过比较分析各自的制度优势及相互关系，提出在我国现阶段须采取医师责任与医院责任并行的立法模式。参见杨彪：《医疗专业性如何可能——医师责任与医院责任的比较分析》，载http：//www. civillaw. com. cn/article/default. asp? id=58891，2013年11月9日访问。本书以该论点为基础，进一步阐释医师责任与医疗机构责任之区分原因及各自内涵。

③ ［日］宫本忍：《医学思想史（Ⅰ）》，劲草书房1971年版，第16页。

地都有医师，有的治眼疾，有的治头病，有的治肠病，有的则治内科杂症。"① 到了古罗马时期，法律开始规定负责举行医师考试的机构，医师必须经过政府许可方能执业。后东罗马帝国以拜占庭的名称开始设置医学校、医院和药局。② 在医学漫长的发展历程中，医师不论是作为某一类具有一定身份的人的统称，还是作为某种具有专业性知识的人的代称，都早于医疗机构出现，并受到伦理和法律的约束，为患者提供专业服务和人文关怀。

作为自然科学，医学具有的专业性使医师能够从其他职业中独立出来，针对病患的具体情况采取适当的诊疗措施。然何谓"适当"，则或多或少地属于社会科学的判断范畴，与医师本人的专业能力、人类的认知水平、现有的医疗手段、生命体的复杂多样性等息息相关。不可否认，对特定患者应采取何种治疗措施在很大程度上取决于医师个体的自由裁量。医师不能简单地照搬书本或盲目地服从经验，似快餐店般对不同的顾客均提供从标准化生产线上制作的套餐是绝对不被允许的。从早期的焚香礼拜、祷告祈福、口念咒语、身佩符箓等"非理性"的医疗行为到现代的诊察、诊断、处方、用药、施行手术等治疗行为都体现出医师独立判断的鲜明特色。根据朴素的法律原理，任何人须对自己的行为负责。在患者听从医师提出的专业建议而遭受损害时，医师必须对其中的某些不必要的损害负责③。从某种意义上说，这也是由医学的专业性所决定的。

医疗机构最初只是医师诊治患者的场所，随着时代的发展而逐步成为一个独立的机构。医疗机构通过雇佣多位医师为患者提供全方位的医疗服务，有效地克服了个体医师专业性的局限。同时，医疗机构可以对诊疗活动进行规范化管理，明确一般的诊疗流程和标

---

① ［英］罗伯特·玛格塔：《医学的历史》，李城译，希望出版社 2004 年版，第 16 页。

② 黄丁全：《医事法新论》，法律出版社 2013 年版，第 2～4 页。

③ 不必负责的损害可能来自于诊疗活动本身未知的风险，或者是根据法律规定而使医师免于承担责任。当然，也存在上述两项条件皆满足的情况。

准，在普遍意义上保证患者享受最低程度的优质服务，如要求获得有资质的医师提供的诊疗服务、满足某些诊疗活动对医疗环境的特定要求等。相应地，医疗机构若未能满足上述要求，则要么失去部分患者，如不具备外科手术条件而不能接收需进行手术的病患，要么承担医疗损害责任，如使用未消毒的医疗器械导致患者术后感染并最终死亡。可见，医疗机构的责任是仅就一般管理意义而言的。对于医师对病患采取何种诊疗措施的具体裁量过程，医疗机构没有也不可能有实质性的发言权，最多只能通过外化的指标，如服务态度等对其进行形式上的考核。

医学的专业性决定了医师责任与医疗机构责任的分立。尽管二者通过替代责任原则又重新联系在一起，但医师与医疗机构之间的关系毕竟不同于一般的劳动者与用人单位之间的关系。应该说，诊疗活动的顺利进行需要医疗机构的制度保障，更需要医师独立的技术运用。区分医师责任与医疗机构责任，在现行侵权法领域具有存在的必要性和价值。

（二）我国的现状

在我国，医师一般是“体制内”的人，受雇于某个医疗机构。近年来，这种“一对一”的关系随着医改的推进正在被逐步瓦解。医师应该是自由职业还是受雇于医院拿工资，一直是医改讨论中的热点之一。2009 年新医改就提出鼓励医师多点执业，① 广东等地随之开展了试点工作。2011 年，原卫生部又发出通知，决定将医师多点执业试点地区扩大至全国所有省份，同时将申请多点执业医师的资格由副高级以上降为中级以上。② 当前，推行医师多点执业已经成为大势所趋。它将让医师从“单位人”变为“行业人”，最大限度地解放医疗生产力。③ 多点执业后，医师与医疗机构的人事

① 参见原卫生部《关于医师多点执业有关问题的通知》。

② 参见原卫生部《关于扩大医师多点执业试点范围的通知》。

③ 白剑峰：《打破束缚医生的“枷锁”》，《人民日报》2013 年 8 月 30 日第 19 版。

隶属关系不再如从前那般紧密，医疗机构对医师行政上的管制将进一步放松。①

从国际经验来看，美国是在过去很长一段时间内，全科医生和专科医生主要是自由职业者的典型国家。而英国、芬兰、丹麦等一半左右的欧洲国家和日本、韩国这两个亚洲的 OECD（Organization for Economic Co-operation and Development 经济合作与发展组织）国家只有部分全科医生是自由职业者，其专科医生主要是受雇于医院的。② 不论未来的发展趋势是以自雇还是受雇为主，可以肯定的是，自雇与受雇将成为医师执业的两种基本模式。暂且不谈这两种模式的利弊，单就我国这种基本单一的医师受雇于医疗机构执业的状况而言，就是存在问题的。从新中国成立以来我国绝大多数医师就是医院的正式职工。给其更多的执业地点、环境选择，是我国政治、经济和社会的进步现象，是一种理念上的更新。政府有政策提供多点执业机会，医生则有权利自由选择。③ 至于最后是自雇医师占大多数还是受雇医师占大多数，则取决于我国的具体国情和当时的社会经济水平。可见，不论是从我国现行医疗体制改革的角度还是从医师执业发展趋势的角度出发，医师参与诊疗活动的独立性正在逐步增强。从医疗损害责任中细化出医师责任与医疗机构责任，其意义将更为明显和重大。

---

① 需注意的是，多点执业并不等于自由执业。对于医师个人而言，不论他们选择受雇挣工资，还是开立私营诊所，都是他们个人的自由选择。但在我国，人事、分配、社会保障等因素将严重影响医师对个人职业生涯的规划。所以，多点执业只是在一定程度上瓦解了以往医师与医疗机构之间牢固的人事关系。要实现医师自由执业，改革还有很长的路要走。

② 陈秋霖、李玲：《为什么美国医生从自由职业者走向受雇于医院》，载 http://blog.sina.com.cn/s/blog_3f2299d30100yp7d.html，2013 年 11 月 10 日访问。

③ 李庆功：《多点执业与自由执业：补充讨论并与北大国家发展研究院专家商榷》，载 http://blog.sina.com.cn/s/blog_6300c1520102duqa.html，2013 年 11 月 10 日访问。

（三）在侵权法领域的影响

2009年《侵权责任法》出台，设专章规定医疗损害责任，以医疗损害责任概念对医疗侵权行为统一称谓，彻底改变了三个双轨制构成的二元化结构的医疗损害责任体制，构成了一个较为完善和科学的一元化的医疗损害责任制度，真正体现了民法的性质和精神。①

在《侵权责任法》第七章医疗损害责任中，第五十四条为医疗损害责任的一般条款，调整从第五十五条至第六十四条共十个条文中的八个半条文之内容，另有一个半条文，即第六十四条和第五十九条的部分内容不受其约束。② 第五十四条规定：患者在诊疗活动中受到损害，医疗机构及其医务人员有过错的，由医疗机构承担赔偿责任。可见，一方面，医疗损害责任实行过错责任原则，只要医疗机构或医务人员主观上具有过错，就必须承担过错责任；另一方面，医疗损害责任是替代责任③，医务人员是行为主体，医疗机构才是责任主体。在第五十四条之下，医疗损害责任大致可被分为四大类型：(1) 医疗伦理损害责任（第五十五条和第六十二条）；(2) 医疗技术损害责任（第五十七条）；(3) 医疗产品损害责任（第五十九条不含涉及适用无过错责任原则的内容）；(4) 医疗管

① 艾尔肯、张榆：《论〈侵权责任法〉中的医疗损害责任》，刘士国主编：《医事法前沿问题研究》，中国法制出版社2011年版，第166页。

② 第六十四条因其不具有第五十四条规定的“患者在诊疗活动中受到损害”要件，因而不在第五十四条的调整范围中。如果出现这种情形需要追究行为人侵权责任的，应当依照《侵权责任法》第六条第四款之规定确定其侵权责任。第五十九条涉及适用无过错责任原则的部分内容之外的其他内容都被涵盖在第五十四条中。参见杨立新：《医疗损害责任一般条款的理解与适用》，载 http：//www.civillaw.com.cn/article/default.asp? id=56699，2013年11月12日访问。

③ 《侵权责任法》采用用人单位责任的概念。第三十四条作为用人单位责任的一般条款，与第五十四条的精神是一致的。参见杨立新：《医疗损害责任一般条款的理解与适用》，载 http：//www.civillaw.com.cn/article/default.asp? id=56699，2013年11月12日访问。

理损害责任①（直接适用第五十四条）。

应该说，如此规定在当时具有十分重大的意义，至少这标志着医疗损害责任统一适用标准的时代来临。但是，我们的立法不仅要“继往”，更重要的是“开来”。法律具有的稳定性特征不可避免地会带来滞后性弊端。这就提示我们，在制定规则时，不仅要考虑吸收现有的经验，总结已经发生的错误，还要预测未来的变化，防范可能出现的风险。若将医疗损害责任制度放置在医改的大背景下，面对医师责任与医疗机构责任的分立趋势，其“短板”便暴露无遗了。

一方面，一概规定由医疗机构承担损害赔偿责任的立法思维方式是不可取的。如前所述，我国医疗机构的类型日益多元化。传统的国营公立医院固然可以作为独立的民事责任主体，为其雇佣的医师在诊疗活动中造成的损害“买单”。对于逐渐增多的个体医师诊所等不具有民事责任主体资格的医疗机构来说，虽然它们也按照规定履行了登记手续，获得了医疗机构的执业许可，但在发生医疗侵权时，我们只能突破医疗机构的“外壳”直接追究相关医师的责任。当然，此时可以适用一般侵权责任的规定，总不至于无法可依。但问题是，医疗损害责任与一般侵权责任的区别甚大，若后者能够全面调整该法律关系，那为何立法者又要在《侵权责任法》中设置专章规定前者呢？这样的悖论只能说明一点，那就是医师责任和医疗机构责任在某些场合存在分离的现象，但现行立法并没有及时作出回应。我们必须在明确各类医疗机构的不同性质的前提下，区分侵权行为发生的具体情形，才能最终确定由医师还是医疗机构承担损害赔偿责任。

在目前推广医师多点执业的时期，一个医师可能是两个或两

---

① 在《侵权责任法》起草过程中，杨立新先生曾经提出对医疗损害责任类型化的意见，主张医疗技术损害责任、医疗伦理损害责任和医疗产品损害责任的“三分法”，并基本上被《侵权责任法》所采纳。后经过研究，他认为应当将医疗管理损害责任列为一种独立的医疗损害责任类型，与其他三种医疗损害责任类型一起构成医疗损害责任的类型体系。参见杨立新：《医疗管理损害责任与法律适用》，《法学家》2012 年第 3 期。

个以上的医疗机构的员工。抛开其中医师个人的福利待遇、人事关系不说，若发生医疗损害，如何追责、由谁担责的问题也是《侵权责任法》所不能回答的。但在医师责任与医疗机构责任分离之后，答案就很清楚了。医师为自己在诊疗活动中的过错行为承担损害赔偿责任，多个医疗机构在选任等方面有过错的，同样应承担损害赔偿责任。此时不再以医师与医疗机构之间的人事隶属关系为基础，就无所谓由哪个医疗机构为医师的过错行为负责了。

另一方面，对医务人员的追偿机制将得到进一步明确。《侵权责任法》不论是在医疗损害责任中还是在用人单位责任中都没有规定医疗机构在承担赔偿责任后能否向医务人员追偿的问题。由于立法设定了医疗机构的替代责任，医疗机构在赔偿之后不能对存在故意或重大过失的医务人员进行追偿①，将徒增医疗机构的经营风险和执业成本，也不利于提高医务人员的责任心。其实，追偿机制是替代责任制度的应有之义②，况且医疗机构也可以通过内部规章制度对相关行为人予以惩戒，间接达到追偿的某些效果③。但是，这些解释或变通终究不是弥补法律规范缺陷的最终办法。

从医师责任与医疗机构责任分离的角度考虑，问题会简单得多。医师与医疗机构各自承担过错范围内的损害赔偿责任，便不会

① 一般认为，如医务人员与医疗机构有约定，应从约定；如没有约定，医疗机构的追偿应以医务人员对损害的发生具有故意或重大过失为前提。

② 学理上，医疗机构的替代责任可分为不可追偿的替代责任与可追偿的替代责任。参见杨立新：《医疗损害责任研究》，法律出版社2009年版，第159、228～229页。

③ 医疗机构不一定会在内部规章中明文规定用人单位的追偿权，但可以通过奖金、考评等内部机制对存在故意或重大过失的医务人员予以惩戒，使其在金钱上有所扣减或名誉上有所减损，从而使行为人深刻认识到自己行为的法律后果。而追偿的目的除了转嫁医疗机构的赔偿费用至医务人员身上之外，还应包括促使行为人在今后的执业活动中更加认真、谨慎地从事诊疗活动。从这个意义上讲，二者的效果是一致的。

发生之后的追偿问题了。当然，对除医师以外的其他医务人员必须适用替代责任的规定。不过，对医师的追偿和对其他医务人员的追偿还是略有区别的。如前所述，医师的流动性较大，而专业性没有医师那么强的其他医务人员与医疗机构依然存在较为紧密的人事隶属关系，相比之下，医疗机构对何者更容易实现追偿权是一目了然的。

（四）在保险法领域的影响

医疗卫生服务行业的健康发展关系着人民生命健康权益保障的实现。然而，医学事业作为“缺陷科学”，存在着无限延伸的不可预知情况。医疗风险的存在对医患双方都可能产生危害性的后果，而单独由医师、医疗机构或患者来承担，都会造成不公平的结果。损害分散的思想已经逐渐成为侵权行为法的思考方式。损害可以先加以内部化处理，由制造危险活动的企业承担，再经由商品或服务的价格机能，或保险（尤其是责任保险）加以分散，由多数人承担。① 基于医疗行为的高风险性，医疗损害总是不可避免的。既然这样，医疗责任保险和社会医疗保险就成了不可缺少的医疗损害社会化分担的工具。②

与《侵权责任法》之规定相对应，我国的医疗责任保险通常表现为医疗机构和医师都是被保险人，但医疗机构为主投保更普遍。如前所述，患者在诊疗活动中受到的损害可能来自于医疗机构，也可能来源于医务人员。从医疗损害责任中细化出医疗机构责任与医师责任，对确定损害内容、固定责任主体、快速开展赔偿、缓解医患关系等都具有积极意义。就医疗责任保险而言，医

① 刘鑫、杨鑫鑫：《医疗损害责任立法若干问题思考》，《中国司法鉴定》2010 年第 2 期。

② 郁光华：《从医疗事故的法律改革看中国侵权法的趋向及其对保险市场的影响》，载 http：//www. iolaw. or g. cn/showNews. asp？ id = 2028，2013 年 10 月 27 日访问。医疗责任保险和社会医疗保险虽然都能起到分散风险的作用，但二者侧重略有不同。前者着重减轻医疗机构的经济压力，解除医务人员的后顾之忧，而后者侧重保护患者的合法权益。

疗机构责任保险的保费明显低于医师责任保险，可以减轻医疗机构的经营风险和成本。同时，由医师个人投保医师责任保险（即使由医师个人与医疗机构共同投保，也优于医疗机构单独投保），能加强医务人员的责任感，督促其更加仔细谨慎地进行诊疗活动，还能将医疗机构从繁杂的投保、理赔事宜中解脱出来，更加专注于医院的硬件建设和医疗活动的后勤保障。

但是，当前的医疗责任保险开展得并不顺利，医师责任保险和医疗机构责任保险的推广就更加难以成功了。这不应归咎于我们的医改节奏太快（医师由单点执业向多点执业发展，自由执业的情况也越来越普遍），而应归咎于我们的侵权法和保险法理念太陈旧（医疗机构作为责任主体包办医疗损害赔偿，医疗责任保险实施状况也不理想）。立法不但没有预测未来社会的发展趋势，也没有契合当下的现实需求。这不是差一步，而是差了一大步。要迎头赶上时代的步伐，恐怕不是调整现有的保险产品那么简单。理论上的关键问题之一是如何确定责任保险中医师和医疗机构各自应对患者承担的责任，而这又涉及侵权法领域对二者各自责任的认定。

第二节　医师责任保险的涵义

一、医师责任保险的概念与特点

医疗责任的二元性，即医师责任与医疗机构责任的分立，作为社会发展现象之一，深刻影响了侵权法和保险法关于医疗风险的相关规定。具体到保险法领域，应通过医师责任与医疗机构责任的区分确定各责任保险的承保范围。

责任保险属于财产保险，其保险标的既不是人身，也不是动产或不动产，而是被保险人对第三人应负的赔偿责任。学理上可将责任保险分为一般责任保险和专业责任保险，后者又可分为医药专业责任保险与非医药专业责任保险。① 具体内容见表 1-1：

表 1-1 **责任保险分类**

<table>
<tr><td rowspan="9" colspan="1">一般责任保险</td><td colspan="2">公共意外责任保险</td></tr>
<tr><td colspan="2">电梯意外责任保险</td></tr>
<tr><td colspan="2">雇主意外责任保险</td></tr>
<tr><td colspan="2">产品责任保险</td></tr>
<tr><td colspan="2">意外污染责任保险</td></tr>
<tr><td colspan="2">幼稚园责任保险</td></tr>
<tr><td colspan="2">高尔夫球员责任保险</td></tr>
<tr><td colspan="2">保全业责任保险</td></tr>
<tr><td colspan="2">旅行业责任保险</td></tr>
<tr><td rowspan="11">专业责任保险</td><td rowspan="5">医药专业责任保险</td><td>医院专业责任保险</td></tr>
<tr><td>内科医师、外科医师及牙科医师专业责任保险</td></tr>
<tr><td>药剂师专业责任保险</td></tr>
<tr><td>美容院业务过失责任保险</td></tr>
<tr><td>其他</td></tr>
<tr><td rowspan="6">非医药专业责任保险</td><td>律师专业责任保险</td></tr>
<tr><td>会计师专业责任保险</td></tr>
<tr><td>保险代理人与经纪人专业责任保险</td></tr>
<tr><td>董事及负责职员责任保险</td></tr>
<tr><td>建筑师与工程师专业责任保险</td></tr>
<tr><td>其他</td></tr>
</table>

① 本分类方法参见高添富：《美国医师专业责任保险之研究》，载 http：//www. drkao. com/library/9/chap5 -3. html，2013 年 10 月 20 日访问。关于责任保险的分类方法及具体险种，学界有不同观点。因该部分内容不是本书论述重点，在此不作展开讨论。

由表1-1可知，医师责任保险是专业责任保险的一种，与医院责任保险是相互独立的。学界对医师责任保险的称谓较多，如医师职业责任保险、医师专业责任保险、医师医疗责任保险、执业医师职业责任保险、医师赔偿责任保险、医师专家责任保险等，且未形成统一称谓。为表述方便，本书统一称为医师责任保险，意指被保险人（医师）于执行医师业务时，因过失、错误或疏漏，违反其业务上应尽的责任，直接导致病人伤亡，依法应承担赔偿责任，而在保险期间内受理赔偿请求时，由承保公司对被保险人负赔偿之责。①

从医师责任保险的概念可知，医师责任保险具有以下法律特征：②

（1）医师责任保险具有第三人性。医师责任保险以被保险人（医师）对受害人（患者）承担的赔偿责任为标的，与以有形财产或利益为标的的财产保险有很大区别。在一般的财产保险或人身保险中，保险人补偿的对象是被保险人或受益人，不会涉及第三人。但医师责任保险不同，它的直接补偿对象是被保险人，但被保险人的损失是源自第三人（受害人）的损失，即被保险人的行为导致第三人的利益损失。于是，只有第三人的利益损失客观存在并依法由被保险人负责赔偿时，才会产生被保险人的损失。换言之，保险人的赔偿款可以支付给被保险人，但该笔款项的实质是针对第三人（受害人）的赔偿。故保险人的赔偿款最终将被支付给第三人，或者在被保险人赔偿受害人之后补偿给被保险人。可见，医师责任保险是保险人直接保障被保险人的利益，间接保障第三人利益的一种双重保障机制。③

（2）医师责任保险在偿付上具有替代性。医师责任保险是被

---

① 杨诚对：《意外保险：理论与实务（第五版）》，台湾三民书局1988年版，第359页。

② 文才：《论完善我国责任保险法律制度——兼论责任保险对侵权行为法的影响》，西南交通大学出版社2010年版，第7～8页。

③ 林宝清：《保险法原理与案例》，清华大学出版社2006年版，第448页。

保险人分散和转移其赔偿责任的一种方式，它为受害人取得实际赔偿创造了条件。除法律规定不能通过医师责任保险转移的赔偿责任或者保险合同不予承保的赔偿责任外，被保险人对第三人应当承担赔偿责任，或者受害人请求被保险人给付赔偿金时，由保险人承担赔偿责任。实际上，责任保险的保险人承担了被保险人的赔偿责任处于代被保险人向受害人赔偿的地位，具有替代性。

(3) 医师责任保险金额具有限制性。在订立医师责任保险合同时，投保人（被保险人）和保险人所约定的保险金额是保险人承担赔偿责任的最高限额。各国所适用的责任保险单一般约定有每次意外事故的最高限额或者保险期内的累计赔偿限额。不论在保险期间发生多少次意外事故，保险人给付保险金，都应以合同约定的最高赔偿限额为限。

二、医师责任保险的价值

(一) 分散医疗风险

根据现行《侵权责任法》，在医疗活动中，若因为医师的过错而产生医疗损害，则由医疗机构对患者承担损害赔偿责任。立法如此设置是基于医师属于医疗机构的聘用人员，医师的诊疗行为属于一种职务行为。因此，医师不能独立承担损害赔偿责任，适格的责任主体应为医疗机构。但不容忽视的事实是，不同性质的医疗机构的赔付能力是不一样的。对于私立医院而言，随着医疗纠纷日益增加，索赔数额也越来越大，私立医院面临无力赔偿的尴尬困境。对于公立医院而言，尽管其赔付能力大于私立医院，但公立医院的资产是国家资产，如果完全由医疗机构承担赔偿责任，则易造成国有资产的严重流失。而另一个不容忽视的事实是，医师正逐渐从“体制人”转变为“自由人”。摆脱了聘用关系束缚的医师，又有何理由让医疗机构继续为其诊疗过错埋单？

与渐变的医疗体制不同，医疗风险永远存在并且不会消失。而一旦发生医疗事故或纠纷，民事责任的认定和承担，既涉及有关医药管理技术与业务问题，又涉及对损害事实与因果关系的认定、诉讼程序以及法律适用等方面的法律问题。① 尽管医疗风险不可控，但医疗机构和医师都希望迅速解决医疗纠纷，以免影响正常工作的开展。其实患者并非不清楚医疗风险的存在，他们在内心里更关心的是发生损失后，对自己受损的权益应如何进行救济。从这个意义上说，医师、医疗机构和患者的目标是一致的。医师责任保险恰恰能够实现这一目标，同时又不会产生侵权法适用时的弊端。实现损害赔偿的社会化，正是医师责任保险制度的功能之一。

（二）保障医师权益

医师是具有专业知识和专业技能的专家，但不同的医师面对不同的患者开展诊疗活动，其结果往往千差万别。医师的专业技能、患者的个人体质、医疗机构的医疗条件等差别构成了医疗风险的全部涵义。若医师投保医师责任保险，最显而易见的效果就是可以减轻医师的经济负担。在现阶段大部分医师受聘于医疗机构的前提下，医师的工资有限。一旦发生医疗损害，医师将面临巨大的经济压力。通过医师责任保险，只需交纳一定的保险费，就可以得到多达数倍的风险保障，从而实现了风险的转移，减轻了医师的经济负担。② 同时，医师责任保险还可以减轻医师的心理负担。一旦发生医患纠纷，保险机制能够把医师从复杂的损害赔偿程序中“解救”出来，使医师专心于诊疗活动，敢于开展医疗科研工作，从而有助于医师医疗技术的创新和医学科学的发展，也有利于我国医疗卫生事业的健康发展。

另外，医师责任保险还可以督促医师今后谨慎开展诊疗活动。责任保险最为人所诟病的就是它会促使行为人产生“道德倦怠”，不能通过一定的法律手段（损害赔偿）达到惩戒警醒的目的。但这种情况在医师责任保险中并不存在。医师作为医学专家，除了具

① 邓兴宇、雷晓坤：《医疗责任保险的功能分析与评价》，《湖北民族学院学报·医学版》2006年第3期，第59～60页。

② 杜康宁：《医师责任保险制度研究》，湖南大学2009年硕士学位论文，第8页。

备一定的医疗水平和医学知识以外，还十分注重自己的名誉和荣誉。医疗纠纷的发生对医师而言，除了会带来经济上的不利益，还可能产生深远的隐性影响——患者对该医师产生不信赖感。而从某种意义上说，名誉或荣誉上的损失远远大于经济上的损失。故医师虽然通过购买医师责任保险来分散医疗风险，其仍然会谨慎开展诊疗活动。这一方面是基于保险公司对其的监督，另一方面也是基于其对自身名誉和荣誉的爱惜。

（三）填补患者损失

在诊疗活动中，患者毫无疑问处于弱势地位。他们不具备专业知识，面对未知的医疗风险束手无策，甚至在发生医疗损害后不能迅速获得赔偿。现实生活中，因为医疗纠纷而对簿公堂或踏上漫漫上访路的患者比比皆是。① 医师责任保险对患者至少会产生三方面的有益作用：一是医师责任保险免除了医师的后顾之忧，使其能运用专业知识为患者进行诊疗，不必采取“防御性医疗”浪费患者的精力和财力，患者也能得到更为积极、准确、尽心的诊疗服务。二是在医疗纠纷发生后，保险公司相对医疗机构和医师而言更为中立、公正，患者易产生信赖，不会采取不必要的过激手段，也愿意配合保险公司开展调查。三是保险公司的专业性能够缩短医疗损害的赔偿周期，使患者尽快获得赔偿款项，对患者的受损权益进行救济，缓解日益紧张的医患关系。

此外，医师责任保险还能够有效减少“医闹”等现象的产生。在医疗纠纷中，不排除少数患者及其家属，乃至部分不诚信之人借此机会“兴风作浪”，妄图通过非正常手段不当得利的情况发生。这些医疗滥诉和医疗欺诈行为严重干扰了医疗机构和医师的正常诊疗活动，甚至对社会治安将产生巨大影响。医师责任保险能够通过快速、准确、合法合理的赔付程序，从根本上消除“医闹”所谓的“理由”，对患者起到一定的制约作用，有效减少上述现象的发生。

---

① 沈思言：《解决医疗纠纷新途径探析：医师责任保险》，《中国卫生法制》2004 年第 4 期，第 18 页。

第二章　医师责任保险的强制性

尽管医师责任保险对于解决医疗纠纷、改善医患关系、转移医疗风险具有重要作用，但在现实生活中，医师责任保险的运行情况却并不乐观。有调查显示，医疗机构和患者并不认为医疗责任保险十分急迫，更不用说投保医师责任保险了。① 也有学者认为，实行强制责任保险是基于相关法律法规配套的需要，医疗事业和谐、健康发展的需要，保险市场稳定和迅速发展的需要以及医疗卫生体制改革的需要。② 其实，无需众多理论分析，基于医疗风险的不可控制性和巨大性，我们便可推导出任意性医师责任保险的实施瓶颈。

医疗风险的特性决定医师责任保险势在必行，不论对医师、医疗机构还是患者都具有诸多益处。但任意性医师责任保险最大的特点即为投保与承保的自由选择性。基于我国医疗纠纷的特殊处理模式以及商业保险人所能承受的能量与范围，医师责任保险长期以来并不发达也是预计之中的事情。医师是否投保取决于其自由意志，而大多数医师迄今仍未对该险种有清晰明确的认识，总寄希望于医

---

① 大量调查显示：(1) 大部分三级甲等医院的主要目的不是为了转嫁经济赔偿责任，三级甲等医院投保的目的是为了转移医疗纠纷的处理事务，解决患者与医院纠缠的问题。(2) 大多数二级医院和三级乙等医院，除需要解决医疗纠纷的处理事务外，还有转嫁经济赔偿责任的迫切需要。(3) 一级医院与门诊部、中医诊所等认为，其执业风险小，自己收入少，不能给他人“做分母”，故无需购买保险。(4) 患者认为只要医疗机构有能力赔偿，医院有没有医疗责任保险与自无关。参见刘方、洪宓、郑雪倩等：《强制实施医疗责任保险的必要性和可行性》，《中国医院》2007 年第 9 期，第 10 页。

② 廖晨歌：《我国的强制医疗责任保险立法势在必行》，《辽宁医学院学报（社会科学版）》2011 年第 4 期，第 19 ~ 20 页。

疗机构承担赔偿责任，且心存与患者“私了”的不愿张扬的侥幸心理。商业保险人基于营利心理，也有可能对风险程度较高的科别采取拒保或有其他限制的行动。因此，任意性医师责任保险在现今医疗纠纷中所扮演的角色仍非常有限。

依保险契约之订立是否由当事人自由决定，保险制度的形态可分为任意性保险与强制性保险。在任意性保险中，保险契约成立与否，完全取决于当事人的自由决定。而在强制性保险中，政府或其他组织会强制特定群体或个人订立保险合同。① 我国医师责任保险应为强制性保险，即投保人有加入保险的义务，保险人有接受保险的义务。这既是因为医师责任保险符合强制责任保险的一般要求，也是遵循大数法则的需要，同时也可保护受害人的利益，符合责任保险的发展趋势。②

第一节　强制性医师责任保险的功能与原则

一、强制性医师责任保险的功能

(一) 保护受害人获得基本赔偿

责任保险作为风险管理手段之一，最原始的作用就在于通过保险制度分散因对他人负有损害赔偿责任而产生的经济上的负担，间接效果为确保责任人能够承担损害赔偿责任。因此，责任保险具有保护受害人获得基本赔偿的社会功能。而强制性责任保险即能够针对特定承保风险，落实对他人应负的损害赔偿责任。在现行医师责任保险采取任意性保险模式的情况下，受害人的损害赔偿请求权能否实现，部分取决于投保人（被保险人）是否投保这一不确定因素。因此，通过强制性医师责任保险，能够在保险合同规定的保险

---

① 陈文袖：《论强制医师专业责任保险——以医疗事故受害人之损害填补为中心》，台湾东吴大学 2005 年硕士学位论文，第 142 页。

② 曾言、李祖全：《医疗责任强制保险制度研究》，湖南师范大学出版社 2009 年版，第 174 ~ 175 页。

赔付金额之内，对医疗纠纷中的受害人提供最基本的保障，不至于因医师没有赔付能力或赔付意愿而使受害人的权益救济落空。

（二）防止“逆选择”并稳定保险市场

我国医师责任保险市场目前存在的问题颇多，比如保险业务规模过小、承保能力有限、费率结构不合理等，无法满足医师的投保需求。医师的投保意愿不高，进而形成恶性循环。此时易产生“逆选择”，对危险共同团体——医师的影响相应增加，使得赔偿损失率居高不下，影响保险人的承保意愿。

若设立强制性医师责任保险，不论医疗风险的高低，相关医师皆须投保，则将大幅度降低任意保险市场无法解决的“逆选择”问题。同时，也正因为该保险产品具有强制性，从事诊疗活动的全体医师均要参保，易形成保险经营所需要之大数，而使得保险公司在实务操作中便于对损失频率和损失幅度进行较为准确的预测，从而进一步有效降低保险费用。

（三）提高医疗品质并矫正医疗纠纷处理方式

如果执业医师均被强制要求投保医师责任保险，则在保险事故发生时，欲获得保险人的理赔，被保险人就必须向保险人通知保险事故的发生。同时，保险人也必须基于自身的参与权而介入被保险人与受害人之间的损害赔偿关系。这样一来，在保险事故的处理过程中就有一个中间人居中处理，可以有效缓解医疗纠纷中医患双方对抗的紧张情形，从而有效矫正受害人认为凭借自力救济即可达到目的的非理性处理方式。

同时，通过保险事故的通知行为，医疗纠纷发生的始末过程将更加透明，纠纷内容以及相关分析统计得到的客观资料可以为之后改善医疗服务提供参考。同时，通过风险分类、经验费率等承保技术，医疗服务提供者也可以做好事前防范与事后改善工作，以提高对社会民众的医疗服务品质。并且，强制性医师责任保险的实施还可以改善现有的医疗事故责任鉴定制度，使鉴定结论具有公正专业性，可作为法院与保险人的参考，用以解决相关争议。

二、强制性医师责任保险的原则

（一）公益性

强制性医师责任保险之所以有别于任意性商业保险，就在于它的制定必须出于特定的政策目的的考量。如机动车交通事故责任强制保险，《机动车交通事故责任强制保险条例》第一条即明确揭示该保险产品的目的："为了保障机动车道路交通事故受害人依法得到赔偿，促进道路交通安全，根据《中华人民共和国道路交通安全法》、《中华人民共和国保险法》，制定本条例"。在强制医师责任保险制度下，投保人未必是基于自身的风险管理计划而投保，不排除部分投保医师责任保险是因为从事特定活动的法定要件而投保。保险人同样受到强制承保义务的拘束，故无法自由决定是否承保，保险费率的计算也会受到政策的限制，并不单纯以营利为目的。所以，强制性医师责任保险较任意性保险而言更强调公益性。

（二）保障被保险人与受害人

在强制性医师责任保险中，不论投保人有无投保的意思，均负有投保的义务。立法也会强制保险人负有承保的义务，使投保人有机会投保。这一政策旨在强制以投保责任保险作为财务担保，以保护潜在的可能会受到被保险人特定活动侵害的第三人。故强制性医师责任保险的保障中心为受害第三人。而为了充分保障受害第三人，在构建强制性医师责任保险时，除了限制保险合同双方当事人的契约自由之外，还可以借助某些立法技术，使受害第三人的损害赔偿权利得以落实，如赋予受害第三人直接请求权等。①

另外，强制性医师责任保险的基础仍为责任保险。责任保险成立的前提是被保险人对受害人负有损害赔偿责任。故保险人的赔付应以被保险人对受害人的法定损害赔偿责任成立为前提条件。且保险人的赔付款项来源于保费，性质上属于被保险人赔偿责任的承担

① 关于我国医师责任保险的理赔情况，第五章将进行详细分析，在此不赘述。

或转嫁，以减轻被保险人的负担。故在保险人按照强制性医师责任保险规定，对第三人进行赔付时，该赔偿款项应被视为被保险人损害赔偿金额的一部分。若被害人的损失因强制责任保险人的赔付而得到填补，为了避免不当得利，被保险人不必再进行赔偿。若被害人的损失过大，超过了强制责任保险人的赔付范围，则可通过其他渠道向加害人提出个人请求。且加害人在受理此项赔偿请求时，必须扣除强制责任保险人赔付的款项。所以，在强制性医师责任保险下，被保险人对第三人的赔偿责任可以得到分散，也即强制性医师责任保险同时保障了被保险人和受害人。

（三）保险事故范围

强制性医师责任保险具有某种公共政策导向，因而对保险契约当事人双方的权益有所限制。为避免此限制过度，就必须对保险事故的范围进行限定，即保险事故应仅与该公共政策目的直接相关。同时，由于责任保险制度本身并不认定责任，是否赔付以及赔付多少完全依赖于侵权责任的认定标准，那么，法院如何认定谁应负赔偿责任，应赔偿的额度是多少，就成为强制性医师责任保险中的风险评估标准。这一限定将直接影响受害人的获赔情况，还会间接影响保险人的风险管理能力和风险评估水平。

（四）赔付限额

责任保险是被保险人对第三人依法应负损害赔偿责任时，在第三人提出赔偿请求后，由保险人承担该赔偿责任的保险。原则上，不论任意性责任保险还是强制性责任保险，保险的保障内容应与民法规定的责任范围相同。但是，考虑到医疗纠纷的赔偿金额往往十分巨大，而立法或司法有可能会放宽归责基础，使损害赔偿责任易于成立，受害人能迅速获得赔偿，这样就加大了加害人的赔偿责任。故为了寻求当事人之间的利益平衡，同时兼顾保险人的持续发展，应限制强制医师责任保险的赔付金额，即设定最高额度。

第二节　构建强制性医师责任保险的疑虑

一、有图利保险人的疑虑

强制性医师责任保险在制定之初，首先可能遇到的质疑就是是否有图利保险人之嫌。这样的担忧主要来源于两个方面：一是基于一定的医疗风险，被保险人须就可能发生的医疗侵权行为对受害人承担损害赔偿责任。为此责任而产生的医师责任保险所具有的担保方式，是否应采取投保人和保险人订立强制性医师责任保险的单轨制，还是除了订立保险合同外，投保人还要提供一定的保险金或采取其他方式（比如开具一定的赔偿能力的证明）而免除一定的投保义务的双轨制？二是对于强制性医师责任保险，因其具有一定的政策性目的，其经营主体应为公办公营还是公办民营？

对于第一个问题，在医疗责任保险中即存在争议，实践中各地亦有不同做法。如深圳市《深圳市医疗执业风险保险管理办法》第六条至第十条规定，医疗执业风险保险费由医疗机构固定保费和医务人员个人风险储金两部分组成。前者由医疗机构承担，区分综合性医院、专科医院、门诊部和诊所，按照医疗机构工作量及其分级管理等级分别确定为十个风险等级，具体保费由双方结合实际情况协商确定。后者由医疗机构支付80%，医务人员个人支付20%。医务人员个人承担的风险储金从个人工资中扣缴，其缴费标准与本人的职称系数、职务系数及其所在医疗机构的风险系数挂钩。医务人员个人风险储金被分为十个风险等级，由医疗机构根据专业和学科分类，按照个人所承担的不同风险分别确定。另外，若个人风险储金不足，不足的部分由保险人代付。医务人员在离岗时必须向保险人补齐赔偿金差额的20%。若个人风险储金尚有结余，保险人将一次性返还。但很明显，双轨制不利于管理与监督，且提供保证金或资产证明并不意味着医师的赔偿能力得到确认，亦不等同于可担保医师的赔偿意愿。故单轨制较双轨制更为适宜。①

对于第二个问题，强制性医师责任保险虽然具有强制性，但仍属于政策保险，因而与社会保险有别。强制性医师责任保险所担保的风险，只有执业医师才有可能遭遇。因此，该保险成本应由实施侵权行为的责任主体承担，而不宜由全体民众负担。若采取公办公营的方式，势必会利用来自全体纳税人的公共资源，且亏损时以国库填补，等于利用了全民的资源而负担了少数人的职业风险，实不公平。况且公办公营向来有效率不高、专业性不足的弊端，故应采取公办民营模式为宜。不过，为了使投保人有所选择，强化其投保意愿，主管机关应审慎审查保险公司的资格。

二、有道德危险发生的疑虑

所谓“道德危险”，是指因保险保障的存在，而使潜在损失扩大的现象。② 由于道德危险造成的损失扩大超出了订立保险合同时的预期损失，故保费收入将不足以应付理赔之处，而成为保险经营上的一大难题。保险人对危险保费的计算可以反映出其对于损失的估计，而预期损失又由损失频率与损失幅度两大因素所决定。道德危险的产生可能会使损失频率或损失幅度骤增，造成保险人理赔成本的浪费，并危及被保险人的利益。

就医师责任保险而言，因为该损失是被保险人对受害人依法应

---

① 江朝国：《强制汽车责任保险法》，台湾胜智文化事业股份有限公司1999年版，第76～77页。江朝国：《保险法论文集（一）》，台湾瑞兴图书股份有限公司1997年版，第417～423页。

② 在保险公司很难了解到投保人具体情况的条件下，“保险”这种商品往往会诱发投保人的“败德”行为：在购买到保险之前，那些潜在的投保人总是小心翼翼地提防着风险，随时随地准备采取避免风险的行动，以尽量减少由于风险出现而可能导致的损失，因为在这种情况下，风险所造成的损失由自己承担。然而，一旦购买到保险之后，这些投保人往往变得“粗心大意”起来，不再像以前那样谨慎，因为此时出现风险的损失不再只由投保人自己来承担，而是要由保险公司承担一部分甚至全部。从保险公司的角度来看，投保人的这种行为就是他们面临的“道德危险”。

当承担的损害赔偿责任所对应的损失，故必然涉及保险合同以外的第三人。而保险金的给付又以此损害赔偿责任成立且第三人提出损害赔偿请求为前提条件，故在医师责任保险中，道德危险可能会来自被保险人与第三人。① 而在强制性医师责任保险中，因强调对受害人的保障，故往往会赋予其特别权利或扩大保险保障的范围。因此，第三人可能产生的道德危险应更加予以考虑。

（一）被保险人的道德危险

在损失频率方面，被保险人道德危险的产生主要是基于可能发生的损失频率的增加，也即被保险人可能会因为责任保险的保障而怠于履行审慎的注意义务。尽管这一弊端是不可能完全消除的，但保险制度欲有效运作，就必须通过相应措施，比如危险部分自留、经验费率等方式以进一步控制道德危险。至于故意引起的危险事故，则本身就不在承保范围之内。另外，在责任保险中，除了发生保险事故后产生经济上的不利益以外，还可能存在因第三人的求偿而增加行政上的处理费用、时间的耗费，甚至相应的刑事责任。考虑到这些因素，被保险人的审慎程度应不会产生较大幅度的下降。

在损失幅度方面，损失幅度的扩大就意味着对第三人所负的损害赔偿额度的增加。在实践操作中，具体的赔偿数额往往与当时的社会经济环境相关，比如对通货膨胀的考虑，而较少受到被保险人行为的影响。因为被保险人欲扩大损失幅度，则来年将面临保费的增加，或者在当年即因为赔偿金额超出保险限额而必须自担部分风险。所以责任保险对被保险人在损失幅度方面的道德危险应不存在。

（二）第三人的道德危险

在损失频率方面，医师责任保险的承保风险是被保险人因从事

① 责任保险以外的其他财产保险，因保险金补偿的对象仅为被保险人，故道德危险仅来源于被保险人。参见陈彩稚：《我国过失侵权行为与责任保险人身伤害赔偿之分析》，《保险专刊》2003 年第 1 期，第 43～44 页。

诊疗活动导致第三人死伤而应负的损害赔偿责任。若第三人为谋取金钱赔偿，则必须用自己的身体甚至生命去换取，这显然是难以想象的。因此，第三人在损失频率方面的道德危险绝不存在于此方面。实践中，第三人是否提出损害赔偿请求以及请求损害赔偿金额的大小，受到社会文化、法律制度以及经济环境等因素的影响。所以，第三人是否提出损害赔偿，并不必然是因为责任保险的存在，也即责任保险未必会使损失频率增加。

在损失幅度方面，第三人的道德危险表现在受害人可能会因为加害人投保了责任保险，而在发生保险事故后扩大或夸大其损失，以获得较高的赔偿金额。但对于损害赔偿的计算方法与范围，法律早有明文规定。同时，在诉讼中，受害人必须就自身损失承担举证责任。故第三人欲获得较高的赔偿，也并不是一件唾手可得的事情。

第三节　强制性医师责任保险的主要强制性措施

一、契约自由原则之限制

契约自由原则为私法自治的基本原则，包括缔约自由、选择当事人之自由、内容自由、变更或废弃之自由与方式自由。① 保险合同作为私法合同的一种，原则上也应适用契约自由原则。但保险合同同时具有附和契约②之性质，保险人与投保人或被保险人在经济力量上处于不平等地位，故为保护投保人或被保险人，并实现实质

① 陈文袖：《论强制医师专业责任保险——以医疗事故受害人之损害填补为中心》，台湾东吴大学 2005 年硕士学位论文，第 171 页。

② “保险契约具有技术性、定型性及团体性，而其内容，常由保险公司之一方面所决定。要保人通常仅能依保险公司所定之条款，决定是否同意订立，鲜有讨价还价之余地。故保险契约为附和契约。”参见梁宇贤：《保险法新论（修订新版）》，中国人民大学出版社 2003 年版，第 30 页。

上的契约自由，保险制度中即有所谓的“内容控制原则”。① 基于此原则，事实上保险契约中的内容自由在一定程度上受到了限制。而在具有强烈政策性目的的医师责任保险中，为达到政策目的所预期的效果而采取的强制性措施，将更大幅度限制契约自由原则的适用。这种限制不仅包括强制投保和强制接受投保，还包括保险人和投保人都不得解除契约，非有法定原因也不得终止契约。②

二、缔约自由之限制

（一）强制投保

医师责任保险旨在通过分散诊疗活动中的医疗风险保障医疗纠纷中受损患者的权益。那么，最理想的方式就是所有参与医疗活动的医师均投保该责任保险。然而，由于对医疗风险认识的欠缺，并不是每一位医师都有参保的意识。因此，以强制方式使医师负有缔结此种保险契约的法定义务，以限制其缔约自由，即为投保义务，而投保医师即为投保义务人。③ 应当注意的是，此处的投保义务并非仅指投保义务人必须缔结保险契约，还应包括维持该契约继续有效的义务。若缺乏后者的规定，则投保义务人可以在缔结契约后当即解除或终止契约，或在保险契约期间届满后不再续约。如此一来，强制投保的目的也会落空。

（二）强制承保

强制性医师责任保险的推行，除了投保人负有投保义务外，保

① 江朝国：《保险法基础理论（修订四版）》，台湾瑞兴图书股份有限公司2003年版，第48～51页。

② 刘宗荣：《新保险法：保险契约法的理论与实务》，中国人民大学出版社2008年版，第343～344页。

③ 蔡铭进：《论强制汽车责任保险法中受害人之保护及其相关问题——以德国法制与我国草案之比较为中心》，台湾中兴大学1993年硕士学位论文，第41页。

险人也应负有承保义务。否则任由保险人决定是否承保，受害人仍然无法获得有效的保障。换言之，强制保险人负有应相对人之要约，除有法定理由外，不得拒绝承诺，而与相对人订立契约之义务。[①] 强制承保的目的就在于限缩保险人拒保的途径，提高投保人投保的可能性，使保险契约尽量容易成立。

（三）效力范围

尽管投保人和保险人分别负有强制投保和强制承保的义务，但必须对这两种义务设定一定的效力范围，以明确投保人和保险人的行为边界。一方面，必须设定最低保险金额，以避免投保人负担过重的保费，同时避免保险人承担超过其承受能力的危险。换言之，强制性医师责任保险契约订立的最低标准即为投保人向承保人缴纳最低额度的保费。至于投保人缴纳的超出最低额度保费的部分款项，保险人可自由决定是否接受。若接受，则此部分应属于任意性医师责任保险的范畴。

另一方面，必须设定最高赔付金额。强制性医师责任保险尽管须填补受害人之损失，但也必须考虑可持续发展，不能破坏保险人的长期经营，也不能对投保人形成负面刺激。所以，此种对受害人的保障应为基本保障，也即保险人对受害人之赔付应以保险契约规定的最高额度为限。

三、变更或终止契约之限制

保险契约为继续性契约，对于其效力的中断，原则上只能终止而不宜解除。保险人在保险契约中所负的给付义务，主要是在保险期间内承担危险的义务，而非单纯于保险事故发生时的金钱给付义务。若解除保险契约，则该契约溯及失去效力，保险人已提供的危险负担应如何恢复原状，存有疑问。在强制性医师责任保险中，从

① 陈文袖：《论强制医师专业责任保险——以医疗事故受害人之损害填补为中心》，台湾东吴大学 2005 年硕士学位论文，第 172 页。

保障受害人的角度出发，也应尽量维持保险契约的有效性，使受害人获得保障。故保险人和投保人不得随意解除保险契约。同时，从保险人的强制承保义务和投保人的强制投保义务出发，保险人与投保人除法定事由外，也不得终止保险契约。

第三章　医师责任保险的合同主体

保险合同的主体分为两方，与保险合同的订立发生直接关系的，是保险合同的当事人；与保险合同发生间接关系的，是保险合同的关系人。前者包括保险人与投保人，后者包括被保险人与受益人。

第一节　医师责任保险的保险人

一、保险人的涵义

保险人又被称为承保人，是指与投保人缔结保险合同，享有收取保险费的权利，在发生保险事故或者在保险期限届满时，依照合同规定向被保险人承担赔偿或者给付保险金义务的人。保险人虽名为“人”，实则不包括自然人，而是指保险业者，即依照保险法律进行登记，以经营保险为业的机构。① 学理上认为，保险人以其成立是否以保险法为依据，可以分为一般保险人和特殊保险人。前者是指依保险法成立的保险公司，后者是指依特别法成立，而非依保险法成立的保险人。② 我国《保险法》第十条第三款规定：“保险人是指与投保人订立保险合同，并承担赔偿或者给付保险金责任的

---

① 梁宇贤：《保险法新论（修订新版）》，中国人民大学出版社2003年版，第38页。

② 在我国台湾地区，特殊保险人主要包括以下几类：公务人员保险、军人保险以“中央信托局”为保险人；劳工保险以劳工保险局为保险人；简易人寿保险以“中华邮政公司”为保险人；再保险以“中央再保险公司”为保险人；全民健康保险以“中央健康保险局”为保险人。参见刘宗荣：《新保险法：保险契约法的理论与实务》，中国人民大学出版社2008年版，第60页。

保险公司。”那么，在现行法律框架内，医师责任保险的保险人只能是经保险监督管理机构批准成立，许可经营财产保险业务的保险公司。

保险人经营保险业务必须具备法律所规定的经营保险业务的资格，并且还必须在法律规定的范围内进行，否则所订立的保险合同无效。法律对保险人的资格和经营范围等做了诸多的规定，目的是保护合同相对人的权益，甚至还会影响到整个社会的安定和利益。根据权利和义务的对等性，保险人承担这些义务的同时也享有相应的权利，也是为了维护自己作为商业主体的利益。

二、保险人开办医师责任保险的可行性

（一）基于保险需求的考虑

从总体趋势来看，随着人类对疾病认识的日益深入、医疗科技的日益进步、新药新疗法的不断涌现、医护人员专业知识和经验的提高以及医疗管理水平的强化，患者面临的医疗风险事实上已经比过去明显减小。但是，医学事业的进步却可能使得医师面临的责任风险增大。① 这主要是由于在偏袒作为弱势群体的患者的立法框架下，对作为专家的医师的要求相较过去有了大幅度提高。一个权利意识复苏和人权观念加强的时代，必然是一个诉讼的时代和对医生较少宽容的时代。② 因此，虽然整体上医疗成功率已经提高，但医师的责任风险反而增加，从发展趋势上必然增加对医师责任保险这一避险工具的需求。

从我国医师责任保险市场发展来看，医方对该险种的市场需求也呈现逐渐增强的趋势，尤其是2002年9月新的《医疗事故处理条例》实施以后，医疗责任制度对医方更加严格，法院对医疗事故赔偿金额有日益增加的趋势，这使得越来越多的医师倾向于通过

① 谭湘渝：《医疗责任保险研究》，上海财经大学出版社2008年版，第51～53页。

② 戴庆康：《英国医生互助性责任保险述评》，《南京医科大学学报（社会科学版）》2003年第1期，第28页。

参加保险转移大额赔偿风险。同时，医疗责任认定规则的修改削弱了医方的强势地位，举证责任倒置的规定提高了医方的诉讼难度和诉讼成本，增大了医方的败诉概率。这些都导致对医疗责任保险这种避险工具的潜在需求。

（二）基于投资效益和社会效益的考虑

保险公司对医师责任保险的需求主要是基于利润和市场份额等考虑因素，而影响利润和市场的主要因素包括公司对医师责任保险业务的市场定位和发展战略、医方对制度的需求程度和需求量、市场竞争状况、市场环境等。① 医师职业责任保险的市场需求量大，保险公司开设此险种，可以积累一笔可观的保险基金。同时，医疗纠纷的解决时间较长，保险公司可利用时间差来调剂资金，以便获得投资效益。另外，该险种的社会影响力较大，保险公司开展此险种是履行社会义务的一种表现，良好的社会效益对于保险公司来说也是一种财富。②

三、保险人的组织形态

学理上看，保险人可在大体上分为公营和民营两种。两种方式的优缺点如下：

（一）公营方式

采取公营方式的好处在于政府可以拨款用于软硬件设施的投入和人员的培训，并且在经营发生亏损时予以资金上的支持。公营方式的实质为政府推行的社会福利的一部分。采取公营方式的好处在于：（1）可避免呈报给政府资料产生费用；（2）不需有利润追求，保费可降至最低；（3）产生利润收归国库，有利全民；（4）大规

① 谭湘渝：《医疗责任保险研究》，上海财经大学出版社 2008 年版，第 57 页。

② 曹霏：《医师职业责任保险若干法律问题研究》，吉林大学 2004 年硕士学位论文，第 5 页。

模运营可产生规模经济；（5）一致性运作、文件说明；（6）不需要再保险等相关费用。①

（二）民营方式

采取民营方式的好处在于民营保险人具有核保方面的专业知识，对经营商誉有一定的追求，从而有改善服务态度的动力。其理赔较为迅速，注重成本控制，不易产生勾结等弊端。另外，一般而言，民营保险人的准备金投资运用绩效也较公营保险人更佳。采取民营方式的好处在于：（1）公营仍需内部公文呈报资料费用；（2）公营无需追求利润而导致效率降低，保费不降反升；（3）民营保险人利润还可增加税收；（4）公营的独占体制将使其失去竞争力而难以进步；（5）一致性运作、文件说明失去弹性；（6）不再保险将资金预算置于亏损风险。② 民营方式又可分为以下几种：

1. 相互保险公司

公司投资者即为投保人，即股东也是客户，兼具双重身份。公司不发行股票，以负债之基金取代，且不以营利为目的。这种方式可由医师协会集资成立医师责任保险之相互保险公司。

2. 责任保险合作社

责任保险合作社与相互保险公司的性质相近，③ 都不以营利为目的，参加社员即为投保人。合作社的最大特点在于可由医师协会直接组成营业据点，节省高额的人事行政费用。此种方式可由医师

① ［美］D. S. Hansell：《保险学入门》，孙惠瑛、林纯真、周玉玫等译，台湾财团法人保险事业发展中心 1994 年版，第 262 页。

② 施文森、林建智：《强制汽车保险》，台湾元照出版公司 2009 年版，第 30～31 页。

③ 保险合作社与相互保险公司的组织形式相近，但二者仍存在实质的不同之处，主要有：一是保险合作社适用保险法和合作社法，而相互保险公司适用保险法和公司法；二是保险合作社账上有股本科目，而相互保险公司仅有债务科目（基金）；三是保险合作社的社员与组织的关系较长久，而相互保险公司与社员的关系仅存在于保险契约有效期间；四是保险合作社采取预收固定保费制度，而相互保险公司则有其他方式可以选择。

协会出面，号召筹组医师责任保险合作社。

3. 公会或团体专属保险公司

该公司不是保险业的大规模公会或团体，而是为解决在保险保障上的共同需求，增加承保业务的弹性，而投资设立的附属保险机构。被保险人就是专属保险公司资产的持有人。该专属保险公司的性质与相互保险公司接近，但具有股本和营利的概念。这种方式可由医师协会出资成立专属保险公司。①

4. 一般公办民营

可由政府主导，订立相关承保限制规则，开放民间一般保险公司经营承保业务。这样操作的好处在于借助现有的保险公司的专业力量，政府只要在监督管理方面发挥作用即可。

（三）比较与选择

在公营方式和民营方式中，后者较前者更为有效。民营方式的优势不必多言，而公营方式向来就有效率不佳、专业性不足等弊端，这也导致了其优势得不到发挥。且若采取公营方式，亏损时需以国库弥补，等于利用了全社会的资源来负担少数人的责任风险，于理不合。故应采取民营方式为宜。

相互保险公司、责任保险合作社和公会或团体专属保险公司均可采用公营方式，存在如下缺陷：（1）医师协会的组织能力不足，由其出面组织，难以达到预期效果；（2）医师公会筹建、成立承保机构，理赔事宜仍由医方相关人士主导，难免有“护短”之嫌疑；（3）医师协会的保险专业知识、技术远不如专业的保险公司，财务经营绩效堪忧。② 故应采取一般公办民营的形式为宜，即保险

---

① 专属保险公司具有如下好处：一是直接有效控制或减少保险成本；二是增加承保弹性，提供符合需求的保险保障；三是充分掌握准备金的投资收益；四是可将风险损害防范的成本直接反映在保险上；五是可直接进入再保险市场，以专属保险公司的力量和再保险公司谈判。但是，其业务能力有限，财务基础薄弱。

② 江朝国：《强制汽车责任保险法》，台湾元照出版公司2006年版，第159页。

人应为一般的商业保险公司，通过政府审核登记，可经营医师责任保险，并接受政府主管部门的监督管理。

第二节　医师责任保险的投保人

一、投保人的涵义

投保人又被称要保人，是指与保险公司订立医师责任保险合同，并按照保险合同的约定承担交纳保险费义务的人。我国《保险法》第十条第二款规定："投保人是指与保险人订立保险合同，并按照保险合同负有支付保险费义务的人。"由于一般将保险视为商品，投保人即为购买保险商品的人，故习惯上有时也将投保人称为购买人。

投保人为保险人的保险合同相对人，可以是自然人，也可以是法人。投保人须满足以下资格要件：

（一）自然人投保人

1. 具有行为能力

投保人为保险合同当事人，而保险合同与一般合同相同，都应适用民法的规定，故投保人必须具有行为能力。有学者认为，投保人只需具有权利能力即可，行为能力不是投保人的必备要件。① 但在医师责任保险中不存在此种情形。医师责任保险的投保人必须为具有执业资格的医师，行为能力是其执业的前提条件。医师在批准的执业范围之内从事诊疗活动，就意味着其具有行为能力。故医师责任保险的投保人不仅要具有权利能力，还必须具有行为能力。

2. 对保险标的具有保险利益

学界关于投保人对保险标的须具有保险利益这一问题已达成共识，即投保人对保险标的须具有法律上或实际上的利益。换言之，

① 刘宗荣：《新保险法：保险契约法的理论与实务》，中国人民大学出版社 2008 年版，第 54 页。

就保险标的的存在或损失有利害关系者，是为具有保险利益，反之则无保险利益。保险利益是保险合同的效力要件。缺乏保险利益，保险合同就没有效力。《保险法》第十二条第一款规定：“投保人对保险标的应当具有保险利益。”第二款进一步规定：“投保人对保险标的不具有保险利益的，保险合同无效。”

3. 缴纳保险费

投保人不论基于何种目的订立保险合同，都必须缴纳保险费。这既是投保人的合同义务，也是保险合同生效的要件之一。投保人以其缴纳保险费，作为保险合同当事人的对价。

（二）法人投保人

法人为投保人时，同样必须具有权利能力和行为能力。按照民法的相关规定，法人的意思表示由代表法人的自然人作出，故法人订立保险合同、交付保险费等行为均由自然人为之。但是，此时的保险合同当事人仍为法人，而非代表法人的自然人。

二、医疗损害责任的主体

医疗损害责任是指医疗机构和医务人员在医疗过程中因过失，或者在法律规定的情况下无论有无过失，造成患者人身损害或其他损害，应当承担的以损害赔偿为主要方式的侵权责任。① 根据《侵权责任法》第七章“医疗损害责任”的有关条文，可以得知医疗损害责任的主体具有二元性。

（一）医疗损害责任的责任主体是医疗机构

根据《医疗机构管理条例》第二条的规定，医疗机构是从事疾病诊断、治疗活动的医院、卫生院、疗养院、门诊部、诊所、卫生所（室）以及急救站等机构。而按照《医疗机构管理条例实施细则》第三条的规定，医疗机构包括以下类别：（1）综合医院、中医医院、中西医结合医院、民族医医院、专科医院、康复医院；

---

① 杨立新：《医疗损害责任研究》，法律出版社2009年版，第42页。

（2）妇幼保健院；（3）中心卫生院、乡（镇）卫生院、街道卫生院；（4）疗养院；（5）综合门诊部、专科门诊部、中医门诊部、中西医结合门诊部、民族医门诊部；（6）诊所、中医诊所、民族医诊所、卫生所、医务室、卫生保健所、卫生站；（7）村卫生室（所）；（8）急救中心、急救站；（9）临床检验中心；（10）专科疾病防治院、专科疾病防治所、专科疾病防治站；（11）护理院、护理站；（12）其他诊疗机构。应当说，医院、社区卫生服务所、卫生所（室）以及急救站等也都属于医疗机构。

医疗行为关系社会公众的生命健康利益，因此，医疗机构必须依法成立。按照《医疗机构管理条例》第九条的规定，单位或者个人设置医疗机构，必须经县级以上地方人民政府卫生行政部门审查批准，并取得设置医疗机构批准书，方可向有关部门办理其他手续。第十五条规定："医疗机构执业，必须进行登记，领取《医疗机构执业许可证》。"按照第十六条的规定，申请医疗机构执业登记，应当具备下列条件：（1）有设置医疗机构批准书；（2）符合医疗机构的基本标准；（3）有适合的名称、组织机构和场所；（4）有与其开展的业务相适应的经费、设施、设备和专业卫生技术人员；（5）有相应的规章制度；（6）能够独立承担民事责任。医疗机构执业时必须将《医疗机构执业许可证》、诊疗科目、诊疗时间和收费标准悬挂于明显处。

《侵权责任法》第五十四条规定："患者在诊疗活动中受到损害，医疗机构及其医务人员有过错的，由医疗机构承担赔偿责任。"第五十七条也规定："医务人员在诊疗活动中未尽到与当时的医疗水平相应的诊疗义务，造成患者损害的，医疗机构应当承担赔偿责任。"可见，即使是医务人员在诊疗活动中损害了患者的权益，也应由医疗机构承担损害赔偿责任。故符合上述条件的合法的医疗机构才可以承担医疗侵权责任。

（二）医疗损害责任的行为主体是医务人员

医务人员是医疗行为的具体实施者，主要包括医师和护士。

此外，还有卫生防疫人员、药剂人员以及其他各类医疗技术人员。①

按照《执业医师法》第二条的规定，医师包括执业医师和执业助理医师，是指依法取得执业医师资格或者执业助理医师资格，经注册在医疗、预防、保健机构中执业的专业医务人员。从《执业医师法》第二章的规定可以看出，医师资格分为执业医师资格和执业助理医师资格。执业医师相当于医师职称和职务序列中的医师，执业助理医师相当于医师职称和职务序列中的医士。根据《执业医师法》第三十条的规定，执业助理医师应当在执业医师的指导下，在医疗、预防、保健机构中按照其执业类别执业。在乡、民族乡、镇的医疗、预防、保健机构中工作的执业助理医师，可以根据医疗诊治的情况和需要，独立从事一般的执业活动。而按照《护士管理办法》第二条的规定，护士是指按规定取得《中华人民共和国护士执业证书》并经过注册的护理专业技术人员。

（三）医疗损害责任为替代责任

医疗机构是依据法定程序设立的从事疾病诊断、治疗活动的卫生机构。具体的诊疗行为由医务人员进行。可见，医疗损害责任的基本形态是替代责任②，其责任人和行为人相分离。造成患者人身损害的行为人是医务人员，但其并不直接承担赔偿责任，而是由造成损害的医务人员系属的医疗机构承担赔偿责任。学理上认为，医疗机构在承担赔偿责任之后，对有过失的医务人员可以行使追偿权。③

---

① 单国军：《医疗损害》，中国法制出版社2010年版，第12～13页。

② 替代责任也被称为间接责任、转承责任、延伸责任，是指责任人为他人的行为和为行为人的行为以外的自己管领下的物件所致损害承担赔偿责任的侵权责任形态。参见杨立新：《医疗损害责任研究》，法律出版社2009年版，第46页。

③ 《侵权责任法》并无此规定。但学界普遍认为，若医疗机构的追偿权得不到落实，则不能真正提高医疗活动的质量，督促医师谨慎开展诊疗活动。

三、投保人的类型

(一) 投保人的分类

就目前的情况而言，我国存在的合法行医主体主要有两种：一种是具有执业资格、领取营业执照的个体诊所的医师，以及独立开展诊疗活动的家庭医生等；而作为另一种人数较多的主体，就是受雇于我国的医疗机构、与医疗机构建立劳动合同关系的医师。

对于第一种医师而言，其与医疗机构不存在人身隶属关系，属于“自由人”。故对其应适用《侵权责任法》的原则性规定，即由其自身承担诊疗活动的法律后果，对患者负有医疗损害赔偿责任。自然，这类医师作为医师责任保险的投保人，应无疑义。

对于第二种医师而言，他受雇于医疗机构，属于“体制人”。按照《侵权责任法》第七章的规定，应由医疗机构承担诊疗活动的后果，医师对患者不负有直接的损害赔偿责任。但是，由于其是诊疗活动的直接行为者，对保险标的具有直接的保险利益，故这类医师作为医师责任保险的投保人，也是理所当然的事情。

学界存有争议的问题是，医疗机构是否可以作为医师责任保险的投保人呢？尽管医疗责任保险可细分为医师责任保险和医疗机构责任保险，但这一分类并不妨碍医疗机构成为医师责任保险的投保人。按照前文的分析，医师责任保险的投保人可以是自然人，也可以是法人。那么，问题的关键就在于，医疗机构是否对保险标的具有保险利益。

保险利益原则是引导保险市场良性发展的重要原则之一。医师责任保险的标的为被保险人对第三人应当承担的医疗损害赔偿责任。前文已述，医师的执业行为实际上是一种职务行为，其行为后果由法人（医疗机构）承担。所以，医疗机构与损害赔偿责任也具有保险利益，也符合投保人的要件。

(二) 缴纳保费的比例

目前，我国大多数医师受雇于医疗机构，他们的收入来源于医疗机构的工资、奖金等津贴。在侵权法中，医师的诊疗行为被认为是一种职务行为，故由医疗机构对患者承担侵权损害赔偿责任。在此种背景下，若要医师完全负担保费，尽管其中存在分散医疗风险的需求刺激，但考虑到有可能与患者“私了”的实际情况以及医疗机构将首先负担该笔损害赔偿费用的现行规定，医师也缺乏足够的动力去定期缴纳一笔数额不小的保费。因此，对于保费的缴纳，医师和医疗机构都应承担部分款项。

至于缴纳的比例，可由医疗机构与医师自由协商，但应注意两点：一是该缴费比例并非“一刀切”，对医疗机构的所有科室都适用。不同科室的医师开展不同的诊疗活动，面对的医疗风险是不一样的。保险人在提供医师责任保险时，在保费的设计上应有所区分。同样，医疗机构与医师分担保费的比例也应根据科室而有所区别。二是该缴费比例并非一成不变。根据医师的执业情况、该诊疗科目的发展情况以及医疗机构的业务开展情况，应定期调整缴费比例，以适应现实工作的开展。①

第三节　医师责任保险的被保险人

一、被保险人的涵义

被保险人是指保险事故的发生将对其财产造成损害并有权向保险人要求保险赔偿的人。保险制度的实质就是将危险共同团体的成员遭遇的某特定危险所致的损害分摊于全体成员，在此共同团体中的成员于保险制度中就被称为被保险人。② 被保险人受保险合同的保护，但原则上仅为保险合同的关系人，并不必然是保险合同的投保人。若投保人以自己的保险利益向保险人投保，此时就是为自己利益的保险，投保人和被保险人为同一人。若投保人以他人（被

① 第四章将对调整保费的考虑因素作详细论述。医疗机构和医师若需调整缴费比例，可参考这些因素。

② 江朝国：《强制汽车责任保险法》，台湾胜智文化事业股份有限公司1999年版，第135～136页。

保险人）的保险利益向保险人投保，则保险合同是为他人利益而存在，也即是为他人利益的保险，此时的投保人和被保险人就不是同一人。

我国《保险法》第二十二条第二款规定："被保险人是指其财产或者人身受保险合同保障，享有保险金请求权的人。"可见，被保险人有两个基本特征：一必须是保险事故发生时遭受损失的人，二必须是享有损害赔偿请求权的人。医师责任保险的被保险人以其对第三人依法应当承担的赔偿责任受保险保障，对保险人享有保险金给付请求权。被保险人因保险责任范围内的意外事故而应当承担赔偿责任时，有权请求保险人承担赔偿责任。①

二、被保险人的范围

医师责任保险所担保的是医师在诊疗活动中的医疗风险，医师作为医师责任保险的被保险人应无疑义。对于具备行医资格，依法独立执业的个体医师而言，其毫无疑问可以享受医师责任保险的保障。至于隶属于医疗机构的执业医师，尽管医疗损害责任由医疗机构承担，但责任保险中的"责任"不同于侵权法中的"责任"。医师是诊疗活动的行为人，理应承担行为后果。故在医师责任保险中，医疗机构的医师也应成为被保险人。除了医师以外，还有部分特定人群的被保险人资格存在争议。

（一）见习、实习的医学生

对于刚从学校毕业，处于见习期的诊断、治疗、护理人员而言，虽然他们没有专业技术职务，但从病患的角度出发，其与其他诊断、治疗、护理人员并无区别。另外，尚未从学校毕业但来医院实习的学生也不具有独立的诊断、治疗、护理的能力。他们只能在指导医生的指导下进行一定范围的临床实践，其行为应被认定为是指导医生的行为。按照我国的《执业医师法》第二条的规定，依法取得执业医师资格或者执业助理医师资格，经注册在医疗、预

① 邹海林：《责任保险论》，法律出版社1999年版，第123～124页。

防、保健机构中执业的专业医务人员，适用本法，故而见习、实习的医学生没有注册成为执业医师，不具备执业医师的资格，不能成为医师责任保险的责任主体。但是，考虑到见习生、实习生阶段是培养未来医师的必经程序，若因其医疗水平有限而产生医疗损害，令其在职业生涯刚开始之时就面临巨额经济赔偿，难免会不利于医疗人才的培养和医疗事业的发展。况且，见习生、实习生所负的医疗损害责任最终也会由所在医疗机构或所属指导医生承担，若不能通过医疗机构责任保险或医师责任保险予以化解，对医疗机构和医师都是巨大的经济负担。因此，符合一定条件的见习生、实习生也应被间接扩展至被保险人的范围。

（二）进修医生

除了见习和实习制度，我国还有医师进修制度。根据《执业医师法》第二十一条的规定，医师在执业活动中享有下列权利："……（四）参加专业培训，接受继续医学教育……"第三十五条规定："医疗、预防、保健机构应当按照规定和计划保证本机构医师的培训和继续医学教育。县级以上人民政府卫生行政部门委托的承担医师考核任务的医疗卫生机构，应当为医师的培训和接受继续医学教育提供和创造条件。"可见，参加专业培训和接受继续医学教育是医师的法定权利，也是我国医疗体制的重要环节。在医师进修制度中，进修医师有可能在其执业的医疗机构参加培训，也有可能被该医疗机构派到其他单位接受继续教育。对于进修医师而言，尽管其并非是进修医疗机构的正式职工，但也是具有执业资格并依法注册的执业医师，理应成为医师责任保险的被保险人。换言之，若进修医师在进修过程中开展诊疗活动，也应受到医师责任保险的保障。

（三）医疗管理及后勤人员

此问题的讨论意义在于，通过界定作为被保险人的医师范围从而准确厘定保险事故范围。医师有广义和狭义之分，广义上的医师在某些情况下包含医疗管理人员及后勤人员，例如原来从事医务具体工作的医师现从事行政工作，而狭义上的医师仅指现实际从事具体医务工作的人员，其主要是与从事行政的工作人员相区分。作为医师责任保险的被保险人的医师应采狭义之解释，医疗管理及后勤人员不应列入被保险人范围之内。在医疗侵权事件中，现行《医疗事故处理办法》明文规定危害行为与危害后果之间要有“直接原因”，同时保险学上的一个重要原理就是“近因原则”。而在医疗实践中，因医疗管理人员造成的损害往往都是由于间接原因造成的，如指挥不当、协调不力、管理不严等。另外，大多数医疗管理及后勤人员并未参加医师执业资格考试，不具备执业医师资格或者执业助理医师资格，也没有执业证书，未经过卫生行政部门的登记注册，不是法律意义上的医师。故不宜将医疗管理及后勤人员列入被保险人的范围。

第四章　医师责任保险的合同内容

保险合同的内容即保险合同上当事人约定的条款。保险合同的条款可分为基本条款和特约条款。其中，基本条款又可分为一般的基本条款和各种险的基本条款。一般而言，基本条款包括当事人的姓名和住所、保险标的物、保险事故的种类、保险责任开始时间和保险期间、保险金额、保险费、无效和失权的原因以及订立合同的年月日，而特约条款通常表现为附带条款、保证条款、补充条款和共保条款。① 本章将选择医师责任保险中比较重要的合同条款展开论述。

第一节　医师责任保险的保险费率

在我国，医师责任保险还属于新型险种。一方面，医方对该险种的熟悉度和重视度不高，没有进行相应的数据积累，不便于开展相关统计调查活动。目前也缺乏信息披露和沟通的有效渠道，保险公司无从获得第一手资料和数据以进行风险评估和费率计算。另一方面，保险公司对该险种也不够重视，甚至因担心无法营利而拒绝开设这一保险产品。医师责任保险涉及医学、保险学、法学等多个学科，跨学科专业人才的缺乏也使保险公司难以开展经营活动。尽管学界对此险种的研究已起步，但国外的相关测算数据又不能完全吻合我国的实际国情，借鉴意义有限。故合理估算保费，既能够使

---

① 刘宗荣：《新保险法：保险契约法的理论与实务》，中国人民大学出版社 2008 年版，第 98 ~ 108 页。

保险公司维持正常运作，又能够使医务人员有能力承受，达到患者、医师、医疗机构和保险公司共赢的目的，是目前医师责任保险亟待解决的问题。

一、保险费率的涵义和厘定原则

保险费率由纯保险费率和附加保险费率构成。纯保险费率是用于保险事故发生后进行赔偿或给付保险金的费率。为了实现商业营利，保险公司必须从纯保险费中提取一部分作为公司营利。若想获得更多的营利，则必须通过增加保费或减少赔付实现。附加保险费率主要是根据保险公司的营业费用来确定的，包括业务费、税金、工资等。这部分与赔偿金没有直接关系。因此，费率厘定主要是医师责任保险纯费率的确定。①

保险人在厘定保险费率时总体上要做到权利与义务对等，具体包括下列几个原则：

（一）充分性原则

充分性原则是指所收取的保险费在支付赔款、营业费用和税款之后，仍有一部分的结余作为公司的营利。可见，充分性原则是为了保证保险人有足够的偿付能力。为了贯彻充分性原则，维护市场的正常秩序，很多国家对保险费率进行管制，以保证保险公司的偿付能力。

（二）公平合理原则

公平原则对保险人来说，其收取的保险费应与其承担的赔偿责任的风险对等；对被保险人来说，其负担的保险费应与其获得的保障对等。合理原则则是指保险费率应尽可能合理，保险费的多少应与保险种类、金额相关联。

---

① 杜康宁：《医师责任保险制度研究》，湖南大学 2009 年硕士学位论文，第 27 页。

（三）稳定灵活原则

稳定是指保险费率应当在一定时期内保持稳定，既能保证保险公司正常经营，又能维护其商业信誉，对于投保人来说保险费用支出也不会大大超出预算。同时稳定原则并不是要求保险费率保持一成不变，也要随着风险的变化、保险责任的变化和市场需求等因素的变化而做出相应的调整，具有一定的灵活性。

（四）促进防灾防损原则

具体来讲，对注重防灾防损工作的被保险人采取较低的费率。贯彻这一原则有两个好处：其一，可以减少保险人的保险金赔付；其二，可以促进被保险人加强防灾防损，减少整个社会的经济损失。

二、保险费率厘定和调整的考虑因素

医师责任保险费率的厘定和调整需要结合保险学和医学两方面的知识加以确定。事实上，由于其专业性较强，在美国等保险业发达的国家，通常会由专业的行业服务组织提供有关保费的规则，并为保险公司拟定费率。虽然保险人并不一定会完全接受该组织的指导，但大多数保险人在建立自己的费率系统时通常都会参考该规则。本书以美国保险服务办公室（ISO）出版的商业险种手册（CLM）为基础，① 论述医师责任保险费率厘定和调整的考虑因素。

（一）保险费率厘定的考虑因素

尽管不同的保险公司的费率厘定办法有所差别，但有两个重要方面对费率有较大的影响：一是医师所从事的专业，二是医师执业所在的地区。与其他职业责任保险不同的是，医师责任保险是以平

① Robert A. Bregman, Jack P. Gibson. Professional Liability Insurance. http：// www. irmi. com/products/store/professional-liability-insurance. aspx，2014-06-23.

准费率作为定价基础的。该定价不依赖于医师所治疗的病人多少或者医师每年的收入水平，而其他类型的职业责任保险的费率通常都是某些风险因素的函数（通常是收入）。不过，该定价方法的一个例外情况是从事急诊的医师。目前出现的一个趋势是保险公司与急诊科室的医师单独签订一份独立的医师责任保险合同，而不是将该合同统一纳入医院的医师责任保险合同。这种投保方式越来越普遍。该保单以急诊科每年所医治的患者数量或每周值班的小时数加以定价。

（二）保险费率调整的考虑因素

在实务操作中，保险公司通常还需要根据有关医疗风险的特征来调整保费，以反映每个医师的潜在索赔频率和索赔额特征。这主要包括以下因素：

1. 前期索赔历史记录

若医师在过去发生过索赔的情况，其将来也有可能较其他医师更容易出现此种情况。因此，一些保险公司会根据医师过去的索赔频率和索赔额向其提供优惠费率或者增加费率。事实上，已经有部分保险公司使用经验费率和回溯式费率厘定技术来确定医师的应交保费。①

2. 医师执业地域影响

保险公司也会将医师执业时所在的地区作为定价调整的重要因素。一般而言，在大城市执业的医师通常都面临更高的保费。其中的原因也不难想象，大城市的患者更多，诊疗活动更复杂，医师所面临的医疗风险也更大。

3. 索赔发生制保单的到期影响

多数保险公司通过调整保费以反映索赔发生制保单所规定的

① 谭湘渝：《医疗责任保险研究》，上海财经大学出版社 2008 年版，第 167 页。

回溯效应和长尾保险的程度，回溯保险的年份越长，保费就越高。①

4. 医师专业技术的相关证明

如果医师定期参加关于其专业领域的继续教育活动，那么保险公司也可以降低保费。因为定期的继续教育活动能更新医师的医学知识和技能，使之与最新的医学发展同步，从而对病人的治疗产生有益的作用，并有助于减少医疗事故。另外，若医师在其专业领域能够获得某些专业认证，则有时也可获得费率优惠。因为此类专业认证需要耗费一定的时间和精力，不是所有医师都能够获得的。对于获得认证的医师来说，保险公司有可能会认为他们的医学知识更加丰富，医疗技术更加精良，出现医疗事故的概率更小，从而对其给予费率优惠。

第二节　医师责任保险的责任范围

医师责任保险的责任范围也被称为承保范围，是指在哪些范围内保险人将承担偿付义务。对保险人来说，最关心的莫过于保险事故。保险人在决定是否接受投保人的投保与决定保险费的数额时，需要有足够的资料以了解保险事故发生的几率以及可能的损失的大小，以进行危险估计，并通过保险合同的约定将保险事故尽量置于自己可以估计的范围内，以进行危险控制。② 对于保险事故，保险合同通常通过承保内容和保险期间加以界定。前者即本节所讨论之责任范围，后者即下节所讨论之责任期间。

一、医师责任的种类

在医师执业过程中，若致患者身体伤害或死亡，则有可能会承

① 关于医师责任保险的保单类型，本书将在本章作详细分析，此处不赘述。

② 刘宗荣：《新保险法：保险契约法的理论与实务》，中国人民大学出版社2008年版，第110～111页。

担行政责任、刑事责任和民事责任。下文分而述之：

（一）行政责任

医师的行政责任是指在发生或处理医疗风险时，医师因违反行政法，其中主要是卫生法律、法规、部门规章或诊疗护理操作规范，所应承担的行政法律后果。[①] 它具有如下特征：（1）主要是违反了卫生法律、行政法规或规章。这些规范主要包括《执业医师法》、《医疗事故处理条例》等。（2）行政责任只适用于特定的医师。行政责任的主体是在医疗风险的发生和处理过程中具有特定职责的医师。（3）行政责任只能由法定机关追究。对于医师的行政责任，应由卫生行政部门加以追究。

1. 行政责任的构成要件

（1）必须有违反行政法的行为。这主要是指行为人实施了违反卫生法律、法规、规章的行为。

（2）违法行为超过一定限度。一般而言，行政责任中的违法行为的严重程度，是指超出了批评教育但还没有触及刑法的程度。但是，这并不排除几种责任发生竞合的情况。比如，医师的行为构成医疗事故罪，则医师既要承担刑事责任，又要承担行政责任。

（3）主观上有过错。过错包括故意和过失。不同于民事责任，医师的行政责任的主观要件可以是故意，也可以是过失，但以过失的情况居多。

2. 行政责任的方式

医师行政责任的方式可分为行政处分与行政处罚两种。在诊疗活动中，对卫生行政部门的工作人员违反行政法律、法规以及操作规范，造成严重后果，尚不构成刑事责任的，可以实施行政处分，对医疗机构的直接责任人员既可以实施行政处分，又可以实施行政处罚。

---

① 赵敏主编：《医疗法律风险预防与处理》，浙江工商大学出版社 2012 年版，第 89 页。

行政处分是国家机关或其他组织按照行政隶属关系对违法失职的公务员或所属人员实施的惩戒措施。它是发生在医疗卫生系统内部的一种惩戒。由于我国的医疗机构大部分属于国有，在行政编制上属于国家事业单位，医师是医疗单位的职工。因此，当他们违法失职时，代表国家利益的医疗机构、行政管理部门可以对其进行行政处分。① 行政处分的形式有六种：警告、记过、记大过、降级、撤职和开除。

行政处罚是国家行政机关对构成行政违法行为的公民、法人或其他组织实施的行政法方面的制裁。依据《行政处罚法》，行政处罚的种类有：警告、罚款、没收违法所得、没收非法财物、责令停产停业、暂扣或吊销许可证、暂扣或吊销执照、行政拘留、法律规定的其他行政处罚。在医疗活动中，对直接责任的医师通常视情节给予警告、暂停六个月以上一年以下的执业活动直至吊销执业证书的行政处罚。

3. 行政责任的承担

行政责任的承担即谁来承担行政责任以及如何承担行政责任的问题。《侵权责任法》主要解决损害赔偿责任，而《医疗事故处理条例》则具有更多的行政管理性质，即保护患者和医疗机构及其医务人员的合法权益，维护医疗秩序，保障医疗安全和促进医学科学的发展等。故关于行政责任的承担问题主要规定于《医疗事故处理条例》之中。

（1）医师就医疗事故本身应承担的行政责任。《医疗事故处理条例》第五十五条规定："医疗机构发生医疗事故的，由卫生行政部门根据医疗事故等级和情节，给予警告；情节严重的，责令限期停业整顿直至由原发证部门吊销执业许可证，对负有责任的医务人员依照刑法关于医疗事故罪的规定，依法追究刑事责任；尚不够刑事处罚的，依法给予行政处分或者纪律处分。对发生医疗事故的有关医务人员，除依照前款处罚外，卫生行政部门并可以责令暂停6

① 乔世民：《医疗事故的行政处理与刑事责任》，人民军医出版社2009年版，第15页。

个月以上 1 年以下执业活动；情节严重的，吊销其执业证书。”

（2）在预防和处置医疗风险中医师的行政责任。《医疗事故处理条例》第五十六条规定：“医疗机构违反本条例的规定，有下列情形之一的，由卫生行政部门责令改正；情节严重的，对负有责任的主管人员和其他直接责任人员依法给予行政处分或者纪律处分：（一）未如实告知患者病情、医疗措施和医疗风险的；（二）没有正当理由，拒绝为患者提供复印或者复制病历资料服务的；（三）未按照国务院卫生行政部门规定的要求书写和妥善保管病历资料的；（四）未在规定时间内补记抢救工作病历内容的；（五）未按照本条例的规定封存、保管和启封病历资料和实物的；（六）未设置医疗服务质量监控部门或者配备专（兼）职人员的；（七）未制定有关医疗事故防范和处理预案的；（八）未在规定时间内向卫生行政部门报告重大医疗过失行为的；（九）未按照本条例的规定向卫生行政部门报告医疗事故的；（十）未按照规定进行尸检和保存、处理尸体的。”

另外，关于医师的行政责任，还有《执业医师法》第三十七条：“医师在执业活动中，违反本法规定，有下列行为之一的，由县级以上人民政府卫生行政部门给予警告或者责令暂停六个月以上一年以下执业活动；情节严重的，吊销其执业证书；构成犯罪的，依法追究刑事责任：（一）违反卫生行政规章制度或者技术操作规范，造成严重后果的；（二）由于不负责任延误急危患者的抢救和诊治，造成严重后果的；（三）造成医疗责任事故的；（四）未经亲自诊查、调查、签署诊断、治疗、流行病学等证明文件或者有关出生、死亡等证明文件的；（五）隐匿、伪造或者擅自销毁医学文书及有关资料的；（六）使用未经批准使用的药品、消毒药剂和医疗器械的；（七）不按照规定使用麻醉药品、医疗用毒性药品、精神药品和放射性药品的；（八）未经患者或其家属同意，对患者进行实验性临床医疗的；（九）泄露患者隐私，造成严重后果的；（十）利用职务之便，索取、非法收受患者财物或者牟取其他不正当利益的；（十一）发生自然灾害、传染病流行、突发重大伤亡事故以及其他严重威胁人民生命健康的紧急情况时，不服从卫生行政部门调遣的；（十二）发生医疗事故或者发现传染病疫情，患者涉嫌伤害事件或者非正常死亡，不按照规定报告的。”

（二）刑事责任

医师的刑事责任是指在发生或处理医疗风险时，因违反刑事法律、法规所引起的刑事法律后果。医师刑事责任具有强制性和严厉性的特征。强制性是指刑事责任一旦被确定，就不允许罪犯和被害人之间“私了”。严厉性是指刑事责任剥夺的是罪犯的财产权和人身自由，甚至还有生命。医师刑事责任涉及的犯罪种类多样，本书仅介绍医疗事故罪。

《刑法》第三百三十五条规定：“医务人员由于严重不负责任，造成就诊人死亡或者严重损害就诊人身体健康的，处三年以下有期徒刑或者拘役。”医疗事故罪一般发生在诊疗护理过程中，表现为医师由于严重不负责任导致的业务过失，结果是严重侵害了患者的生命健康权。它的构成要件如下：

1. 客体

《刑法》将医疗事故罪规定于“妨害社会管理秩序罪”中的“危害公共卫生罪”一节中。本罪侵犯的客体是国家对医疗工作的管理秩序和就诊人员的生命及健康权。在医疗事故罪中，由于医师的严重不负责任，造成就诊人的生命及健康权受到侵犯，其危害小到就诊人的生命健康，大到不特定多数患者的生命健康。因此，医疗事故罪是复杂客体。

2. 客观方面

医疗事故罪在客观方面表现为严重不负责任，造成就诊人死亡或严重损害就诊人身体健康的行为。严重不负责任是指在诊疗护理工作中违反医疗操作规范和诊疗护理常规的行为，包括作为和不作为。而就诊人死亡或严重损害就诊人身体健康的后果可以发生在诊疗护理过程中，也可以发生在诊疗护理结束后。另外，行为和结果之间必须有刑法上的因果关系。

3. 主体

医疗事故罪的犯罪主体是特殊主体，即医务人员，既包括各级各类医疗机构的医务人员，也包括合法开业的个体医务人员。

4. 主观方面

医疗事故罪主观方面表现为过失，包括疏忽大意的过失和过于自信的过失。前者是指医务人员应当预见到自己违反规章制度或诊疗护理常规的行为可能造成就诊人死亡或严重损害就诊人身体健康的后果，但由于疏忽大意没有预见，致使损害结果发生。后者是指医务人员已经预见到自己违反规章制度或诊疗护理常规的行为可能发生就诊人死亡或严重损害就诊人身体健康的后果，但轻信能够避免，致使损害结果发生。

（三）民事责任

严格地说，从目前法律规定来看，医师民事责任的表述并不确切。与之相关的是医疗损害责任，也即医疗损害民事责任。《侵权责任法》出台前，医疗事故是我国法律规范的重点，《医疗事故处理办法》、《医疗事故处理条例》等都采用了医疗事故的概念。但毫无疑问，这一概念并不能涵盖所有的医疗损害责任情形，因为现实生活中尚存在不构成医疗事故的医疗损害责任情况。①《侵权责任法》第七章以“医疗损害责任”为标题，结束了医疗纠纷的二元化解决方式，②“医疗事故”等相关概念再未出现在任何法条之中。

根据《侵权责任法》第五十四条的表述，医疗损害责任是指医疗机构及其医务人员对因过错在诊疗活动中给患者造成的损害而应承担的赔偿责任。可见，医疗损害责任的责任主体是医疗机构，行为主体是医务人员。因此，医疗损害责任本质上是一种替代责

① 比如医疗差错的概念就是为了弥补这一局限而产生的，用来指在严重程度上尚不构成医疗事故但也造成了患者损害而应依普通侵权法律规则承担责任的情形。

② 《最高人民法院关于参照〈医疗事故处理条例〉审理医疗纠纷民事案件的通知》规定：“条例施行后发生的医疗事故引起的医疗赔偿纠纷，诉至法院的，参照条例的有关规定办理；因医疗事故意外的原因引起的其他医疗赔偿纠纷，适用民法通则的规定。”该司法解释使医疗损害赔偿诉讼处于“二元化”状态，易导致赔偿不公。

任，医师民事责任的表述从侵权法的意义上说是不准确的。

医疗损害责任具有如下法律特征：[①]

1. 医疗损害责任发生在医疗过程中，或由医疗行为导致

医疗损害责任发生在医疗活动中，但不仅仅局限于诊疗活动，还包括在医院进行的身体检查，进行的医疗器械的植入，对患者的观察、诊断、治疗、护理、康复等医疗活动。由于医疗活动具有时间性，有的医疗活动已经结束，但医务人员的过失造成的损害必须过一段时间才能显现并为人所察觉。

2. 医疗损害责任是医方违反民事义务所应承担的法律责任

承担民事责任必须以存在民事义务为前提。在医疗法律关系中，若医疗机构及其医务人员违反了谨慎诊疗的注意义务，造成患者人身损害，就应承担相应的民事责任。

3. 医疗损害责任的主要内容是财产责任

在医疗损害中，不论是违约责任还是侵权责任，主要的责任形式都是损害赔偿。当然，其他民事责任形式在医疗损害责任承担中也可以运用，比如赔礼道歉、恢复名誉、返还医药费、支付违约金等。在损害即将发生前，患者或其家属发现时，可以要求医方消除危险或排除妨碍；在损害已经发生并在继续进行时，患者及其家属可以要求停止侵害。

综上所述，在民商事领域，医师责任保险承保的医师责任应为医师的民事责任。它属于医疗损害责任，应将其置于民法的视角下进行考量。

二、医师民事责任的性质

在民事责任体系中，医师的民事责任可以被分为违约责任与侵权责任。那么，在发生医疗损害时，患者有时可以选择请求医师承担违约责任或侵权责任，即发生责任的竞合。由此，厘清医师民事责任的性质，对责任的承担和请求权的主张具有重要的意义。

---

① 赵敏主编：《医疗法律风险预防与处理》，浙江工商大学出版社 2012 年版，第 66 ~ 67 页。

（一）违约责任

医疗机构或医务人员与患者依合意形成医疗契约关系，医疗机构或医务人员未尽谨慎治疗义务导致发生医疗损害，应依医疗契约承担赔偿责任，① 这是毫无疑问的。患者到医疗机构就医，即与医疗机构和医务人员构成医疗服务合同关系。在此合同关系中，医疗机构和医务人员负有对患者谨慎治疗的义务。尽管医疗合同的成立形式和方法多种多样，有时是以患者挂号为标准的，有时是以医务人员对患者展开诊疗为标准的，但这并不妨碍医疗合同的成立与生效。若医疗机构或医务人员未尽到谨慎治疗的义务，而在医疗活动中出现过错，造成患者人身损害的事实发生，则应承担相应的违约责任。

根据《合同法》，违约责任是指合同当事人不履行合同义务或履行合同义务不符合约定时依法产生的法律责任，包括拒绝履行、履行不能、履行迟延以及不完全履行，前三种是合同履行期届满未履行合同，后一种属于履行合同义务不符合约定的情形。

拒绝履行和履行不能又被称为主观不履行和客观不履行，实质都是医疗机构或医务人员根本没有履行医疗合同的义务。

履行迟延是指医疗机构或医务人员未按照医疗合同的约定及时履行义务。

不完全履行包括：（1）不适当履行，即医疗机构或医务人员的履行质量不符合约定或法律的规定；（2）部分履行，即医疗机构或医务人员对患者的疾病作了部分处理，但遗漏了其他部分，从而给患者造成损害；（3）违反附随义务，即医疗机构或医务人员未尽到对患者告知说明病情、医疗措施、医疗风险的义务，这主要体现为对诚信原则的违反。

（二）侵权责任

患者的人身损害是医务人员的过失行为导致的，这就构成了侵

① 刘劲松：《医疗事故的民事责任》，北京医科大学出版社 2000 年版，第 37 页。

权责任。医疗机构和医务人员应就其过错程度向患者及其家属承担侵权损害赔偿责任。正是医疗机构和医务人员的过失医疗行为导致了医疗损害事实的发生，侵害了患者的生命健康权，因而医疗机构和医务人员应承担侵权的民事责任。

按照《侵权责任法》第七章的规定，学界对医疗损害责任进行了类型化界定，并在类型化的基础上适用不同的法律规则。以损害发生的不同原因为标准，医疗损害责任可以被分为医疗技术损害责任、医疗伦理损害责任、医疗产品责任以及医疗管理损害责任四类。

1. 医疗技术损害责任

医疗技术损害责任是医疗损害责任的基本类型之一，是指医疗机构及医务人员在医疗活动中，违反医疗技术上的高度注意义务，具有违背当时的医疗水平的技术过失，造成患者人身损害的医疗损害责任。①

医疗技术损害责任具有如下法律特征：

（1）构成医疗技术损害责任以具有医疗过失为前提。医疗技术损害责任和医疗伦理损害责任的主观状态都是医疗过失。没有医疗过失，就不存在医疗技术损害责任。

（2）医疗技术损害责任的过失是医疗技术过失。医疗技术过失是以违反当时的医疗水平所确定的医疗机构及医务人员所应当承担的高度注意义务为标准的，不同于医疗伦理过失。

（3）医疗技术过失的认定方式主要是原告证明。一般情况下，在医疗技术损害责任的追究中，患者必须证明医疗违法行为的存在、损害结果的发生以及因果关系，还必须证明医疗机构和医务人员具有医疗技术过失。

（4）医疗技术损害责任的损害事实只包括人身损害事实。人身损害事实是指患者的生命权、健康权或身体权的损害，这也不同于医疗伦理损害责任，后者甚至可以造成知情权、自我决定权、隐私权等权利的损害。

---

① 杨立新：《医疗损害责任研究》，法律出版社2009年版，第121页。

2. 医疗伦理损害责任

医疗伦理损害责任是指医疗机构和医务人员违背医疗良知和医疗伦理的要求，违背医疗机构和医务人员的告知或者保密义务，具有医疗伦理过失，造成患者人身损害以及其他合法权益损害的医疗损害责任。①

医疗伦理损害责任具有如下法律特征：

（1）构成医疗伦理损害责任以具有医疗过失为前提。与医疗技术损害责任一样，医疗伦理损害责任也必须以具有医疗过失为前提，这区别于医疗产品损害责任。

（2）医疗伦理损害责任的过失是医疗伦理过失。医疗伦理过失是指违反了医疗良知和医疗伦理，违反了告知义务、保密义务等伦理性义务的疏忽或懈怠。

（3）医疗伦理过失的认定方式是过错推定。只要患者已经证明了医疗违法行为、损害事实以及因果关系，法院就可以直接推定医疗机构和医务人员具有医疗伦理过失。这不同于医疗技术过失的认定方式。医疗机构和医务人员若要免责，则必须证明自己没有过失。

（4）构成医疗伦理损害责任不仅包括患者的人身损害，而且包括其他民事权益的损害。在医疗伦理损害责任中，损害后果可能更主要的是患者其他民事权益的损害，如知情权、自我决定权、隐私权的损害。

3. 医疗产品损害责任

医疗产品损害责任是指医疗机构在医疗过程中使用有缺陷的药品、消毒药剂、医疗器械、血液及其制品等医疗产品，因此造成患者人身损害，医疗机构或医疗产品的生产者、销售者应当承担的医疗损害赔偿责任。② 由于医疗产品责任只涉及医疗机构，故在此处

① 杨立新：《医疗损害责任研究》，法律出版社 2009 年版，第 136 页。

② 杨立新：《医疗损害责任研究》，法律出版社 2009 年版，第 157 页。

不赘述。①

4. 医疗管理损害责任

医疗管理损害责任是指医疗机构和医务人员违背医政管理规范和医政管理职责的要求，具有医疗管理过错，造成患者人身损害、财产损害的医疗损害责任。② 尽管医疗管理损害责任涉及医务人员，但这里的医务人员主要是指在医疗机构中具有管理职权的医务人员，他们执行管理规范，承担管理职责，不同于执业医师，故在此处不赘述。③

（三）责任竞合与患者的选择

由于违约责任和侵权责任本身就容易发生竞合，加上医疗活动中，有时可能存在医疗合同，有时可能不存在医疗合同，所以患者通常会选择对自己最为有利的方式进行权利救济，由此出现了责任的竞合。在发生医疗损害后，患者可以主张医疗机构或医务人员承

① 尽管医疗产品损害的发生是由具体的人的操作行为导致的，但医疗产品损害责任不属于医师责任保险中医师责任的范畴。在医疗产品损害责任中，损害后果的发生是由缺陷医疗产品导致的，其中可能存在医疗机构或医务人员的过错，也可能不存在，故立法在医疗产品损害责任中采取了无过失责任原则。这不仅符合《产品质量法》等相关法律的规定，也符合保护处于弱势地位的患者的立法精神。但无过失责任原则与医师责任保险要求的主观状态不符（详见下文分析），故本书认为，医疗产品损害责任不属于医师责任保险的承保风险。

② 杨立新：《医疗管理损害责任与法律适用》，《法学家》2012 年第 3 期。

③ 医疗管理损害责任的责任主体为医疗机构，行为主体为负有管理职责的医务人员。但此处的医务人员一般而言是医疗机构的管理人员，不同于实际参加诊疗活动的执业医师。当然，实践中也存在执业医师同时担任医疗机构一定级别的管理人员的情况。若此人造成医疗损害，则必须判断该损害是何种医疗损害，即是医疗技术损害、医疗理论损害、医疗产品损害，还是医疗管理损害。在医疗机构和医务人员为患者提供医疗服务的过程中，执业医师主要从事诊疗活动，医疗机构及管理人员从事管理活动。即使这两种活动的实施主体是同一人，活动的内容也应有所区别。医师责任保险承保的医师责任是指执业医师从事的诊疗活动中的责任，故医疗管理损害责任不应被纳入医师责任保险的医师责任之中。

担违约责任，也可主张医疗机构或医务人员承担侵权责任。但在具体实践中，患者多主张侵权责任，即前文所述的医疗损害责任，这主要是因为主张侵权责任对患者较为有利：其一，由于医师债务一般是手段债务，因而债务内容无法确定，诊疗行为因过失而失败时，只能认为侵权行为成立，而不能评价为契约的违反。其二，在诉讼时效和损害赔偿范围上，有利于受害人。其三，侵权责任可以排除契约上的免责条款，较好地保护受害人的利益。① 那么，在医师责任保险中，我们也应将医师责任置于侵权法的领域加以考量。本书所探讨的医师责任保险的承保范围，即为医疗损害责任。但是，侵权法中的医疗损害责任包括医疗机构的责任和医师的责任，甚至还包括护师等其他医务人员的责任。故医师责任保险的具体承保风险和承保范围的界定，仍须借助之前探讨的被保险人和投保人的范围加以确定。

三、医师责任的主观状态

依照《侵权责任法》第五十四条的规定，在医疗损害责任中，过错是衡量责任承担与否的主观标准。“如果将侵权法比做一出戏的话，过失侵权理论可以说是这出戏的主角。”② 过错是侵权法的核心问题，医疗过错自然是医疗损害责任的核心。依据民法理论，医疗过错包括故意和过失两种形态，那么，是否这两种主观状态都可以成为医师责任保险中对医师责任的主观判断标准呢？

（一）故意不是医师责任的主观要件

保险合同为射幸合同，所承保的风险为可能发生的不确定的事故。保险合同就是为了消灭因可能发生的不确定的事故而产生的恐惧，并弥补因不确定事故发生而遭受的损害。可见，保险风险的不确定性是保险合同得以成立的核心。换言之，若该风险可受控制，如对风险内容、发生时间、损害程度进行人为控制，则不属于保险

① 赵敏主编：《医疗法律风险预防与处理》，浙江工商大学出版社 2012 年版，第 69 页。

② 李亚虹：《美国侵权法》，法律出版社 1999 年版，第 46 页。

合同的承保事项。在医疗活动中，若医师主观上为故意，客观上造成了患者的人身或财产损害，则原则上损害发生的时间和损害的程度是可以受到医师控制的。若此时仍要求保险公司对患者的损害进行赔付，明显对保险公司不公平，亦会产生医师利用保险制度肆意侵害患者的道德风险。

此外，尽管《侵权责任法》使用的是“过错”一词，但在医疗损害责任中以过失为常见形态。这一方面是由于医学伦理道德要求医师不得故意侵害患者的权益，另一方面是在司法实践中因医师的故意行为而致患者损害的案例也鲜有发生。当然，对于医师故意侵害患者的法律责任，可依《侵权责任法》关于一般侵权的规定加以处理。因此故意不是医师责任的主观要件。

（二）过失是医师责任的主观要件

过失是行为人对自己行为的结果应当预见或能够预见而没有预见，或者虽然预见却轻信可以避免该后果发生的心理状态。行为人对自己行为的结果应当预见或能够预见而没有预见，为疏忽大意的过失；行为人对自己行为的结果虽然预见却轻信可以避免该后果的发生，为过于自信的过失。可见，过失强调的是行为人对行为后果的注意性、预见性和控制性。①

在医师责任保险中，过失毫无疑问是医师责任的主观要件。医师因医疗过失行为而造成医疗侵权，使患者遭受医疗损害，故医疗过失是医师的主观心理状态，医疗过失行为是医师的客观行为表现。实践中，疏忽大意的医疗过失是指在医疗活动中，医师应当预见自己的医疗行为可能对患者造成损害结果，但因疏忽大意而未预见到，或能够避免和防范不当的医疗行为造成的损害后果，但因疏忽大意而未能避免或防范其发生，如医师诊疗过于马虎。过于自信的医疗过失是指医师虽然能预见其医疗行为可能给患者造成损害，但轻信能够避免，从而致使患者遭到损害，如医师自认为经验丰富，在未详细分析病情的情况下就实施手术。

① 强美英：《医疗损害赔偿责任分担研究》，知识产权出版社 2010 年版，第 159 页。

根据上文所述医疗损害责任的类型，医疗过失也可以分为医疗技术过失和医疗伦理过失。医疗技术过失是指医师从事病情诊断、治疗措施的执行以及病情发展过程的追踪或术后照护等医疗行为，不符合当时既存的医疗专业知识或技术水准的过失。① 医疗伦理过失是指医师从事各种医疗行为时，未对病患充分告知或者说明其病情，未提供对病患及时有用的医疗建议，未保守与病情有关的各种秘密，或未取得病患同意即采取某种医疗措施或停止继续治疗等，而违反医疗职业良知或职业伦理上应遵守的规则的过失。②

（三）不论是否存在过错不是医师责任的主观判断标准

不论是否存在过错即指的无过失责任。在医疗损害责任中，只有医疗产品损害责任适用无过失责任原则。但这并不是说对医疗产品缺陷的产生，生产者和销售者都没有过错，而是因为医疗产品存在缺陷本身就是一种过错。③ 之所以将医疗产品损害责任确定为无过失责任，就是为了便于对受害人进行救济。在医疗产品损害责任中，法院不考察过错要件，只要受害人能证明医疗产品具有缺陷，就构成侵权责任。但是，关于医疗产品损害责任的构成要件，《产品质量法》第四十一条规定："因产品存在缺陷造成人身、缺陷产品以外的其他财产损害的，生产者应当承担赔偿责任。"第四十二条规定："由于销售者的过错使产品存在缺陷，造成人身、他人财产损害的，销售者应当承担赔偿责任。"销售者不能指明缺陷产品的生产者也不能指明缺陷产品的供货者的，销售者应当承担赔偿责任。可见，生产者承担责任，无需具有过失，而销售者承担责任有两种形式：（1）有明确的生产者和供货者的，构成侵权须具备过失要件；（2）销售者不能指明缺陷产品的生产者也不能指明缺陷产品的供货者的，不论是否有过失，销售者都应承担赔偿责任。可见，在医疗产品损害责任的承担上，有部分处理原则是出于保护患

① 陈忠五：《法国法上医疗过错的举证责任》，《东吴法律学报》2006年第1期，第38页。

② 陈忠五：《法国法上医疗过错的举证责任》，《东吴法律学报》2006年第1期，第47页。

③ 杨立新：《医疗损害责任研究》，法律出版社2009年版，第159页。

者的考虑而制定的，这不应作为医疗风险由保险机制转移给保险人承担。另外，医疗产品损害责任的承担者是医疗机构或缺陷医疗产品的生产者和销售者，并不是医师个人。故医师责任保险中不存在对医疗产品损害责任的承保。

此外，域外还存在无过失补偿制度，即通过立法的手段，利用行政力量的介入，以强制保险或成立补偿基金的方式，对受医疗伤害的病人提供迅速的补偿途径。① 关于无过失补偿制度的实施方式，美国为无过失责任保险②，瑞典、丹麦为病人赔偿保险制度③，新西兰为医疗意外补偿制度④。除了不论过失存在与否均进

---

① 曾言、李祖全：《医疗责任强制保险制度研究》，湖南师范大学出版社 2009 年版，第 225 页。

② 美国弗吉尼亚州于 1987 年通过《与生产相关之脑神经损伤补偿法》(*Birth-related Neurological Injury Compensation Act*)，并依据该法案建立了因生产所致新生儿脑神经补偿制度。该制度不具有强制性，妇产科医师和医院可自行决定是否参加该制度。且该制度所针对的医疗伤害种类必须是因生产所致之脑神经伤害（Birth-related Neurological Impairment）。参见杨秀仪：《医疗纠纷与医疗无过失制度——美国经验四十年来之探讨》，《政大法学评论》2001 年第 68 期，第 1 ~ 41 页。

③ 在瑞典的病人赔偿保险制度中，主要财务来源为郡议会、私人开业医师和其他私人医疗人员支付的保费，而郡议会所支付的保费则来源于一般的税收。当医疗意外事故发生时，保险基金支付赔偿损失，因而具有“社会连带”的精神。由于瑞典健全的社会安全网络，受到医疗伤害的病人要先向其他社会保险请求，然后病人赔偿保险才就不足部分加以赔付。此外，病人赔偿保险并不会剥夺病人提出医疗过失诉讼的权利，只不过法院在审理时会将理赔额列为损益相抵的扣除额。参见刘永弘：《医疗关系与损害填补制度之研究》，台湾东吴大学 1996 年硕士学位论文，第 229 页；赖进祥：《医疗关系之危险责任及其分散机制》，台湾大学 2003 年硕士学位论文，第 150 页。

④ 新西兰于 1974 年实施《意外事故赔偿法》(*The Accident Compensation Act*)，内容涵盖了劳动者意外伤害、强制汽车保险、医疗及重大伤害保险和医师责任保险。依据该法案，新西兰设立了意外事故补偿基金，对发生意外事故的受害者进行赔偿。意外事故补偿基金由专门的部门管理。其中，医疗责任保险由国有的事故赔偿公司 ACC 运营。无过失赔偿制度的保险资金来源并不是医疗服务者，而是新西兰政府。参见朱铭来、焦峰：《医疗责任保险制度的国际比较研究》，《保险研究》2008 年第 7 期。

行一定的补偿以外，各方式还具有以下一些共同特点：一是行政力量参与，二是补偿额度有限，三是补偿范围有限，四是补偿程序法定。可见，无过失补偿制度并不同于具有商业保险性质的医师责任保险制度，而更像一种具有社会保障性质的社会保险制度。且实施无过失补偿制度的国家和地区多为“福利性国家”，具有良好的公共卫生服务体系。而我国目前并不具备这种条件。因此，医师责任保险中医师责任仍应以过失为主观要件。

四、医师责任的客观后果

医师责任保险承保的风险为医师在诊疗活动中，因过失行为而对患者应承担的损害赔偿责任。那么，医师责任的客观后果为患者遭受的损害，即医疗损害。

（一）医疗损害的类型

根据行为人主观过失和客观后果的大小，我们可将医疗损害分为医疗事故与医疗差错。根据《医疗事故处理条例》第二条可知，医疗事故是指医疗机构及其医务人员在医疗活动中，违反医疗卫生管理法律、行政法规、部门规章和诊疗护理规范、常规，过失造成患者人身损害的事故。根据对患者人身造成的损害程度，医疗事故分为四级：一级医疗事故为造成患者死亡、重度残疾的；二级医疗事故为造成患者中度残疾、器官组织损伤导致严重功能障碍的；三级医疗事故为造成患者轻度残疾、器官组织损伤导致一般功能障碍的；四级医疗事故为造成患者明显人身损害的其他后果的。可见，医疗事故的构成要件包括：（1）必须发生在医疗活动中，即医疗机构和医务人员在开展法律允许的医疗活动中为患者提供医疗服务、履行诊治职责。（2）必须在医疗活动中存在过失，具体表现为违反医疗卫生管理法律、行政法规、部门规章和诊疗护理规范、常规。（3）必须给患者造成了比较明显甚至严重的人身损害，如死亡、残疾、损伤器官组织等。（4）过失行为与不良后果之间存在直接因果关系。

医疗差错是指在治疗过程中，医疗机构及其医务人员虽然有失职行为或技术过失，但未给病人造成死亡、残废、组织器官损伤导致功能障碍等不良后果的情形。① 也就是说，医疗差错中虽然存在医疗过失行为，但没有造成患者明显的人身损害后果，比如患者的治疗期限延长、额外增加患者的经济负担和身体上的痛苦等。

在《侵权责任法》出台之前，依据《医疗事故处理条例》的规定处理医疗纠纷，就存在遗漏医疗差错的情形，从而导致造成医疗事故的，患者可获得损害赔偿；仅造成医疗差错的，患者就得不到损害赔偿。这种区别待遇反映出制度设置的缺陷，也体现不出法律追求的公平正义。医疗过失是医疗事故和医疗差错的主观心理状态，而医疗事故和医疗差错是医疗过失的客观行为结果。所以，不论是医疗事故还是医疗差错，都应被纳入医疗损害的范围，医师责任保险的承保范围应包括医师对患者造成医疗事故和医疗差错而应承担的损害赔偿责任。

与医疗事故和医疗差错相关的概念还有医疗意外、医疗不幸等。医疗意外是指治疗前不可预见的医疗伤害，或可预见的医疗伤害，但无法或非常困难预防或避免之。② 医疗不幸是指，病人及家属可明显预见接受某些医疗处置后，会对人体造成伤害，但是因为是以小换大，以牺牲部分身体机能换取其他大部分机能正常运作，甚至于保全性命，大多数的状况下病人及家属是能够接受的。③ 不论是医疗意外还是医疗不幸，对于损害后果的发生，医师主观上都不存在过失，因而无需对该后果承担损害赔偿责任。

（二）医疗损害赔偿的范围

侵权法中的医疗损害赔偿包括财产损害赔偿和精神损害赔

① 袁晓晶、骆绪刚：《医疗责任保险及其法律问题研究》，《兰州学刊》2004 年第 2 期，第 158 页。

② 邓文豪：《医师责任保险研究——兼论采行日本医师会医师赔偿责任保险之可行性》，台湾东吴大学 2012 年硕士学位论文，第 19 页。

③ 邓文豪：《医师责任保险研究——兼论采行日本医师会医师赔偿责任保险之可行性》，台湾东吴大学 2012 年硕士学位论文，第 18 页。

偿。① 但是，在医师责任保险中，保险人仅就医师的过失医疗行为造成的财产损害赔偿②对患者进行赔付，并不对患者的精神损害赔偿负责。精神损害是因医疗损害而给患者及其家属带来的精神痛苦。根据《侵权责任法》第二十二条的规定，侵害他人人身权益，造成他人严重精神损害的，被侵权人可以请求精神损害赔偿。可见，精神损害赔偿是基于人身权益损害而产生的，即侵害生命权、健康权、名誉权、隐私权等，同时，只有造成严重精神损害的后果，受害人才能请求赔偿。尽管精神损害在医疗活动中有可能出现，实践中也存在患者获赔的案例，但精神损害毕竟是一种无形损害，不像财产那样可以以价值大小来认定，患者及其家属的心理承受能力、法官的自由裁量权、各地的经济发展水平等因素均会对精神损害最终的赔偿数额产生影响，造成精神损害赔偿的不确定性，从而不利于医疗风险的控制。故医师责任保险的责任范围不包括精神损害赔偿。

在财产损害赔偿中，医师责任保险的责任范围通常包括以下几个方面：③

（1）医师的过失行为造成患者人身伤害而应对患者承担的损害赔偿责任，包括医疗费、误工费、住院伙食补助费、陪护费、残疾生活补助费、残疾用具费、丧葬费、被扶养人生活费、交通费、住宿费等。

（2）因赔偿引起纠纷的仲裁或诉讼费用（案件受理费、勘验费、鉴定费、律师费等）及其他事先经保险人同意支付的费用。

---

① 作为赔偿意义上的损害，并不是对生命权、健康权、身体权等人格权的侵害本身，而是作为侵害的结果所发生的财产上、精神上的不利益。参见强美英：《医疗损害赔偿责任分担研究》，知识产权出版社 2010 年版，第 258 ~ 259 页。

② 并不是所有的财产损害赔偿都在医师责任保险的承保范围之内，患者的所有损害也不是都能获得百分之百的赔付。这就涉及医师责任保险的不赔事项和限额赔偿的问题。下节将进行详细分析。

③ 曾言、李祖全：《医疗责任强制保险制度研究》，湖南师范大学出版社 2009 年版，第 137 页。

（3）被保险人为缩小或减少对患者人身伤亡的赔偿责任所支付的必要的、合理的费用，保险人也负责赔偿。

第三节　医师责任保险的责任期间

医师责任保险的责任期间是指在什么时间段内，保险人应承担相应的赔付责任。这主要涉及医师责任保险的责任触发机制。在一般责任保险，如强制汽车责任保险中，由于被保险人之行为与第三人之损害往往同时发生或先后发生的时间间隔非常短，故判定保险责任较为简单。然而，医师责任保险的保险责任的产生和主张之间的时间间隔通常会比较长，如美国20世纪70年代及80年代两次医疗纠纷危机中出现的大量的新生儿伤害诉讼①即为一例。根据对上述两个时点的侧重不同，医师责任保险的责任触发机制可分为事故发生基础制和索赔基础制。二者均规范承保危险事故发生后有关第三人请求被保险人赔偿之时点，亦即构成保险人责任之要件中的“危险事故发生”、“第三人请求”之部分均相同，但二者差异之处系以其构成要件成就之时间点不同，而构成保险人是否需理赔之依据。② 在医师责任保险责任触发机制的具体设计上，要注意通过上述两个时点的把握，来控制被保险人与保险人之间的利益平衡，从而达到分散医疗风险、预防医疗纠纷的目的。

---

① 在美国20世纪70年代及80年代的两次医疗纠纷危机中，妇产科医师的被诉率高、起诉后的败诉率高、败诉后的赔偿金额高，使得妇产科医师责任保险的保费居高不下。这背后的重要原因就在于妇产科在新生儿出生活动中的医疗风险极高。后弗吉尼亚州建立因生产所致新生儿脑神经伤害补偿制度，以减轻妇产科医师责任风险。该制度允许在新生儿出生后10年内，因生产所致脑神经伤害的，可向州工业委员会提出理赔申请，这与医师责任保险中保险责任的产生和主张之间的时间间隔通常会比较长的情况是一致的。参见杨秀仪：《医疗纠纷与医疗无过失制度——美国经验四十年来之探讨》，《政大法学评论》2001年第68期，第10～18页。

② 姚棋馨：《责任保险索赔基础制之辨正与实务运用之研究》，台湾淡江大学2006年硕士论文，第26页。

一、事故发生基础制之原理阐述与疑义释明

依据通说，事故发生基础制是指凡在保险期间内发生保险事故，被保险人在规定时效内请求赔偿，则保险人应负赔偿责任。① 这一定义包含两层含义：一是对于保单生效日前或保险期间届满后发生的保险事故，保险人皆不负赔偿责任；二是即使是在保险期间届满之后才提出理赔要求，保险公司亦需赔偿。自从20世纪二三十年代医疗责任保险在欧美出现以后，保险公司一直都采用事故发生基础制保单。但是，随着20世纪70年代中期医疗责任保险危机的爆发，保险公司为控制未来赔偿风险，减轻医方的保费负担，才纷纷将事故发生基础制保单变更为索赔发生制保单。②

（一）原理

事故发生基础制作为最早出现的责任保险之责任触发机制，具有一定的必然性。由责任保险之涵义可知，对于责任触发之时点，首先考虑的就是责任产生之时点。而保险法上的保险责任产生，通常是与保险事故发生紧密联系在一起的。保险人仅就保险期间内被保险人对第三人之损害赔偿责任承担赔付责任。通过判断保险事故的发生时点是否落入保险期间，可以很清楚地确定责任保险是否可以启动，从而界定其中保险人应负的赔付责任。作为责任保险条款内容的拟定者，在有利可图的前提下，保险人一定会设计清晰明了的责任触发机制，以便于实践操作。这样才不会使自己在发生保险事故时徒惹麻烦，耗费不必要的金钱和精力。事故发生基础制正好回应了保险人的这种诉求。它通过将责任保险的法理化为便于判断的标准，使保险人和被保险人甚至第三人的利益达到平衡，有利于定责、赔付等操作的简便化，减少各方在这一环节中的异议。由于

① 林义城：《从各国医疗法律责任规范论我国建立医师医疗责任险法制化》，台湾东海大学2006年硕士论文，第69页。

② 谭湘渝：《医疗责任保险研究》，上海财经大学出版社2008年版，第197页。

事故发生基础制侧重事故发生与否的判断，在某种意义上而言即为对责任产生之时点的判断，责任触发之时点中的责任主张之时点就显得没有那么重要了。在传统的事故发生基础制中，何时主张该保险责任似乎是无关紧要的。即便是在主张责任之后，该保险事故才会为众人所知，但普遍认为，责任触发机制的最终依据还是会回归到对责任产生之时点的判断上。然而，具体到医师责任保险中，上述关于事故发生基础制的一般设置规则依旧能够正常运行，不免令人生疑。

（二）疑义一：保险事故的含义

从字面上看，保险事故是指保险契约所承保之危险事故。保险人在决定是否承保之时，需要搜集足够的数据以了解保险事故发生的几率以及可能造成的损失程度，以进行危险估计。就危险估计而言，保险契约承保的危险事故必须是尚未确定的危险，否则就违背了保险契约是最大善意的原则。① 所以，保险事故应具备两个条件：一是保险事故是保险人与投保人在保险契约中约定的危险事故；二是该危险事故的发生与否并不确定。上述条件将保险事故与一般的危险事故区别开来，在事故发生基础制中具有重要意义。

一般责任保险中，保险事故作为不确定的危险事故不存在任何疑义。至于如何约定，则存有以保险期间界定和以保险内容界定之区别。笔者对以保险期间界定保险事故范围持保留意见。责任保险的保险事故与其他财产保险的保险事故不同，即被保险人于保险期间发生危险事故时，保险人尚不需负赔付责任，而在被保险人受第三人请求时，保险事故才成就，保险人此时应负赔付责任。② 也就是说，责任保险中的保险事故还应具备第三人请求

① 刘宗荣：《新保险法：保险契约法的理论与实务》，中国人民大学出版社2008年版，第110页。

② 姚棋馨：《责任保险索赔基础制之辨正与实务运用之研究》，台湾淡江大学2006年硕士论文，第20页。

的要件，方才成立。若以保险期间界定保险事故，难保不出现第三人超过保险期间而请求赔偿的情况，此时如何判定保险事故的发生时点，进而如何判定保险责任的产生时点，都将成为理论上不易解释的难题。故应放弃用保险期间界定保险事故的方式，改采以保险内容界定保险事故的范围。同时，可将上文所述之事故发生基础制中对保险事故时点的判断，替换为对危险事故时点的判断，即法定或保险契约约定之危险事故若发生在保险期间内，被保险人在规定时效内请求赔偿，则保险人应负赔偿责任，此即为事故发生基础制。①

以保险内容界定，通常是通过考察被保险人对保险事故发生之主观心态（主要为过失）来完成的。但在诊疗活动中，医学风险无处不在。以医师主观上是否存在过失为标准，诊疗活动中可能产生医疗事故、医疗差错及医疗意外。若医师责任保险对医师所有的行为造成的第三人损害均予以救济，显然将对保险人科以过重的义务，易造成保险产品市场的萎缩。笔者认为，为了确保医师责任保险中的利益平衡，第一，必须将保险事故限定在过失行为的前提下。在医疗意外中只存在损害分担或损害补偿的问题，而不会发生损害赔偿的问题。损害分担可通过患者自行购买人身保险（健康险或医疗意外险）解决，损害补偿则有赖于建立类似于瑞典、新西兰等国的无过失补偿制度。在目前的法律框架内，通过医师责任保险对医疗意外进行赔付并不合适。第二，应通过概括和列举相结合的方式对保险事故的范围进行界定。除法律规定外，保险人可通过概括性条款划定保险事故的范围，同时通过列举性条款列明不保事项，以明确保险契约中双方的权利义务范围。

（三）疑义二：责任产生时点的确定

事故发生基础制要求明确人身伤害和财产损失必须在什么时候

① 考虑行文方便，若无特别说明，下文所述之保险事故均指未成为保险事故之时的（即未被提出赔付请求的）危险事故。

发生。事故发生通常指的是保险事故的发生，即存在危险行为并造成损害后果。而责任产生明显应参照侵权法的要求，界定为损害后果产生之时。所以，可初步判定事故发生时点即为责任产生时点。① 那么，欲考察医师责任保险的事故发生基础制，就必须明确事故发生时点或责任产生时点必须落入保险期间，否则就不构成事故发生基础制的启动事由。

前文已述，一般情况下，危险行为的发生、损害后果的产生和损害后果的显现之间的时间间隔不会太长，如交通事故。但在医师责任保险中，这一时间差距将被适度甚至过度拉大。抛开损害后果的显现不说，单就危险行为的发生和损害后果的产生而言，理论界往往会将这二者都确定为事故发生时点或责任产生时点。究其原因，无非是二者之间的时间间隔较它们与损害后果的显现之间的时间间隔短得多，几乎不会妨碍对是否落入保险期间的判断。但在实践中，法院却发展出诸多不同的判例和原理，如风险暴露原理、显现理论、持续伤害理论、事实伤害理论以及财产损失赔偿②。这多少体现出理论研究的概括性和宏观特质与司法实践的个案分析和经验主义的差别，但更多的是出于使审理的案件中，被保险人所有曾购买的保单均能适用的考虑，即法院的考量点为保单适用的最大化，使第三人或多或少能从保险中获得赔偿。此外，基于契约解释方法之“疑义不利于拟文者”或“当事人客观合理期待”等原则，均会导向对于被保险人有利解释之结果。③ 所以，在多数情况下，区分保险事故之发生时点与保险责任之产生时点无甚必要。

但是，在医师责任保险中，对此进行区分还是很有意义的。医疗行为具有合法的侵袭性，因医师的资质、专业、科别不同而存在

---

①　后文将说明二者并不能完全等同，故此处用语为“初步判定”。

②　厦门理工学院、深圳大华联合保险经纪有限公司编著：《美国商业普通责任保险》，中国金融出版社2010年版，第58～66页。

③　李志峰：《长尾责任——论美国责任保险保单形式的演变、争议及我国责任保险保单之特色》，《保险专刊》第25卷第1期，第108页。

程度上的差异。[1] 何况在中国，还存在中医与西医的门类划分。对于外科手术等“一次性”的诊疗活动与定期就诊开药等“持续性”的诊疗活动，保险事故与保险责任之间明显存在时间间隔。若不加区分地对所有医疗活动统一承保，恐怕不利于保险人和被保险人，会造成在风险高的医疗领域，被保险人积极投保、保险人消极承保，而在风险低的医疗领域，被保险人消极投保、保险人积极承保的情形，阻碍医师责任保险的进一步推广。当然，过于细分保险事故与保险责任既是不必要的，也是不现实的。实践中，保险人可根据被保险人所在的医疗机构开设的医疗服务项目，及被保险人开展的医疗活动类型设置不同等级的保费标准，或有针对性地为从事某种诊疗活动的医师单独设置保单。

（四）疑义三：责任主张时点的意义

事故发生基础制最为人所诟病的就是“长尾责任”。如前所述，在医师责任保险中，危险行为发生后，损害后果要在数年甚至数十年之后才会显现，而确定责任的承担者同样需要耗费较长的时间。若保单期满若干年后提出索赔，保险公司的准备金无法精确计算，加上通货膨胀的影响，理赔成本较过去更高，抗辩费用也随之增加，都将给保险公司带来巨大的赔付压力。另外，由于事故发生日与责任主张日之间的期间较长，如何判断事故的确发生在保险期间之内，又如何区分单一事故与多次事故，都是实务中容易引起争

① 哈佛医学院麻省总医院的 Anupam Jena 等分析了 1991—2005 年美国大型保险数据库中所有的医疗事故数据，认为不同医学专科的索赔风险差异较大，风险高的学科集中在外科体系，依次为神经外科（19.1%）、胸心外科（18.9%）和普通外科（15.3%）；风险低的包括家庭医生（5.2%）、儿科（3.1%）和精神科（2.6%）。整体平均赔款金额为 274887 美元，赔款金额中位数为 111749 美元；分专科的平均赔款额以儿科最高（520923 美元），皮肤科最低（117832 美元）。参见《美国不同专业医师的医疗赔偿风险》，载 http：//www.91sqs.com/view news-70588.html，2013 年 10 月 27 日访问。我国与美国的医疗体制存在巨大差别，但不同医学专科的风险差异明显是不容否认的事实。

议的问题。在医师责任保险中，医疗风险不确定、损害潜伏时间长，在该险种尚不普及的客观现实状况下，若采用事故发生制保单，易导致保险公司经营上的诸多障碍。

“长尾责任”产生的根本原因就在于责任主张时点的不确定。事故发生基础制并不十分关注责任主张时点，仅着重考察责任产生时点是否落入保险期间。这本是事故发生基础制的应有之义，在一般侵权损害责任中不存在任何问题。但医师责任多半具有“延迟性”，待若干年之后对之前的保险事故进行赔付，无疑增加了保险人诸多成本，造成各种不利益。其实，欲解决“长尾责任”，只需确定责任主张时点即可。于是，索赔基础制应运而生，成为平衡被保险人和保险人之利益的又一责任触发机制。但是，当我们回过头来审视，是否原先的事故发生基础制就没有生存的空间，或者说，事故发生基础制就不能适用于医师责任保险了呢？

事故发生基础制具有投保明确、续保简便的优势。相比索赔基础制过多的限制条件，事故发生基础制的保单条款简单明了，易于理解，便于操作，投保人也可以在保险期间届满后方便地变更保单类型。而且，就保障程度和范围而言，事故基础发生制较索赔基础制对被保险人的保护更加周全。① 尽管事故发生基础制对保险人较为不利，但可通过责任主张时点的确定给予其确定的风险期间，使之从无期限的担责阴影中走出来。对于责任主张时点的确定，常见的做法是在保险合同中约定所谓的“发现期”或“报告期”，即在保险事故发生于保险期间的前提下，在保险期间届满后，若在发现期或报告期内发现或报告保险事故并提出索赔申请，则保险人应予以赔付。当然，这一设置是否合理，或者说，这一设置是否可以有效克服“长尾责任”，应取决于以下两个因素：一是损害后果之发生与显现之间的时间间隔可被量化，不易受其他因素影响。若对于同一类型的保险事故，有的后果数十年之后显现，有的后果数天之后显现，则该设置不适用。这就要求保险人必须研究各类医学活动

① 索赔基础制通过追溯日、首次索赔、报告期等条款，大大限制了对被保险人的保障范围。

的规则和规律，针对个别科目的医师单独设置保单。二是损害后果之发生与显现之间的时间间隔不宜过长。过长的发现期或报告期对保险人来说丧失了应有的意义，与不设发现期或报告期也不存在实质性区别。在对上述两个因素进行周全考察后，保险人应根据调查结果科学厘定保费，才能吸引投保人投保，同时达到营利的目的。可见，若要成功运行事故发生基础制医师责任保险，责任主张时点不仅十分必要，而且十分重要。

二、索赔基础制之原理阐述与疑义释明

如前所述，如何将事故发生基础制保单应用于潜在的或发展性的人身伤害和财产损失，有各种不同的适用原理。保险业设法寻找到一种保障，使它更容易预见某一份保险单是否要承担所谓的"长尾责任"所引起的索赔责任。最后的结论是，可以采用一种已经在承保其他长尾风险业务中使用的保险责任触发机制，即索赔基础制。索赔基础制的原始设计为，只要被保险人对第三人的赔偿责任在保险有效期间主张，即可启动保单；① 至于责任事故系发生于保单期间内或保单期间前，则非所问。它可以不必适用人身伤害和财产损失的事故发生基础制，而且避免在确定保险责任时，在损害发生的时间上产生争执。

（一）原理

事故发生基础制之重大弊端在于仅关注责任产生时点而忽略了责任主张时点，从而造成"长尾"问题，令保险人陷入自制之窠臼。索赔基础制作为在此之后出现的保险责任触发机制，将关注重点放在责任主张时点上。只要在保险期间有主张保险责任之情形，保险人即应承担赔付责任。相较之前对保险事故的理论界定争议和对责任产生时点的各种判例原理，主张责任这一行为更容易确定触发保险责任的时间。这里的主张责任主要指的是被保险人向保险人

---

① 陈俞沛：《医疗纠纷与医师业务责任保险》，《台湾法学杂志》2009年第23期，第55页。

提出索赔。那么，索赔基础制保险责任的触发时间，就是向保险人提出保险单所承保的人身伤害和财产损失索赔的时间。索赔基础制有效克服了事故发生基础制的缺陷，限制了保险责任产生之后主张责任的期间，使保险人将风险控制在可预知的范围内，有助于其精确核算保险期间的成本与收益。而对被保险人而言，其让渡了在事故发生基础制中确定的责任产生时点至不确定的责任主张时点之间享有的时间上的利益，获得了对应的在索赔基础制中确定的责任主张时点与不确定的责任产生时点之间享有的在时间上的利益，表面上看并没有损失。可见，事故发生基础制着重于考察责任产生时点，而索赔基础制着重考察责任主张时点。那么，对比事故发生基础制之疑义，我们不禁要问：索赔基础制是否在实务运行中没有任何问题呢？

（二）疑义一：追溯日期与责任产生时点

对保险人来说，事故发生基础制存在的问题是，在保险期间发生的人身伤害或财产损失可能要在多年之后才被提出索赔；而索赔基础制的问题是，保险期间提出的索赔可能是由于多年前的人身伤害或财产损失事故而引起的。索赔基础制面临的尴尬局面在某种程度上和事故发生基础制是一样的：多年前发生的人身伤害或财产损失造成的索赔既难以调查，也不容易展开抗辩。于是，索赔基础制因为过度倚重责任主张时点而回到了与事故发生基础制相似的必须加以修正的道路上，即对责任产生时点进行限定。

提供保险契约的保险人通常都会在契约中明确规定追溯日期。①追溯日是在保险单中载明的，保险人所承保的医疗事故发生的最早日期。而追溯期就是从保险单载明的追溯日起至保险期间起始日止的期间。追溯日期可以排除以往已发生的或必然会发生的医疗损害责任，减轻保险公司的负担，明确保险公司的承保时间，显然是有利于保险人的。实务中，保险人为了利益的最大

① 黄西岩、王范萱、陈文智等：《意外保险（第二辑）》，台湾财团法人保险事业发展中心2005年版，第19～405页。

化和风险的最小化，往往会将追溯日设定为保单的生效日。这表明该制度虽然名为“追溯”，但保险人并不乐意承担保单生效前发生的损害赔偿责任。然而，这样将打破索赔发生制之前设置的平衡，使被保险人作出让步却得不到相应的回报，同时也会产生对追溯日期的疑问：若追溯日即为保单的生效日，为何还要专门设置该制度？以保险有效期间作为索赔基础之一不就可以解决问题吗？

其实，对追溯日期的所有疑问都源于对该制度设置目的的误读。追溯日期最初是作为保险人将自己从责任产生时点之不确定导致的风险中解救出来的工具而出现的。所以，只要在索赔基础制中将责任产生时点固定，就可以解决保险人的担忧。应当说，追溯日期的根本目标也正在于此。至于将追溯日定为保单生效日的“通行”做法，则难逃保险人竭力减轻自身负担而不顾被保险人利益之怀疑。因此，追溯日并不必然是保单生效日，或者说，追溯日本不应是保单生效日。

在医师责任保险中，强调以上观念显得尤为重要。前已述及，医疗活动具有风险高、潜伏时间长的特性。风险高要求必须通过医师责任保险将医疗风险分散，以保障医师执业之永续，从而谋求社会公众之福祉。而潜伏时间长表明责任产生与责任主张之间的时间间隔较长，必须在设计相关制度时顾及保险人之营利目的，适当减轻其责任。所以，医师责任保险必须较其他责任保险更注重被保险人与保险人之间之利益平衡，以顾全契约双方，最终达到“双赢”的目的。

为保险人考虑，追溯日期的设置并非没有道理。追溯日期能将责任产生时点固定下来，有助于保险人估算承保风险，避免对责任主张之前发生的所有不确定的准保险事故①承担赔付责任。类比通过规定“发现期”或“报告期”避免事故发生基础制之“长尾责

---

① 在索赔基础制中，保险事故应存在于追溯日至保单终止日之间。故在追溯日没有确定时，本书将此类危险事故称为“准保险事故”。

任”的做法，追溯日期就是为了避免索赔基础制之“逆长尾责任”① 而产生的。医师责任保险中保险人若选择放弃追溯日期，则要么仅对医疗风险较小或损害后果潜伏时间较短的诊疗活动承担保险责任，要么在综合考虑各种因素后设置较高的保费。显然，第二种做法在实践中所占的市场份额较小。它不仅对投保人的经济能力提出了高于一般水平的要求，对保险人的市场把控能力而言也是不小的考验。而采取第一种做法，保险人可以结合医疗机构的类型或医师的资质、科别等考量因素提供有针对性的保险产品。这也符合医师责任保险日趋精细化和专业化的发展趋势。

为被保险人考虑，基于其已放弃了事故发生基础制中，责任产生之后在责任主张时点上的时间利益，来换取索赔基础制中确定了主张责任时点但未确定责任产生时点的时间利益，追溯日期显然不应单纯等同于保单生效期间，否则就大大限缩了被保险人享有保障的范围。况且责任保险期间一般为一个自然年度，显然不能契合诊疗风险从产生到显现的时间上的普遍规律。故在医师责任保险中，必须有目的地将追溯日期提前，以适当照顾被保险人。追溯期日究竟应确定在何时，除了可按前文所述，在某专业医师责任保险中，根据医疗机构的类型或医师的资质、科别等设置有针对性的保险条款外，在面向一般医师的责任保险中，只能从便于保险人业务开展的角度触发。若在连续自然年度在同一保险人处投保医师责任保险，则追溯日可延伸至第一笔保单生效日。保险人不间断的风险担保构成对被保险人持续的风险保障，这对双方都是可接受的。考虑到社会在不断发展，通货膨胀等经济态势变化速度加快，也可在此基础上进一步规定，追溯日可延伸至第一笔保单生效日，但最长不得超过 5 年，即每年保单的追溯期最长不得超过 5 年，以便于保险人更准确地把控营业风险。

① “长尾责任”意指确定责任产生时点后，之后的不确定的责任主张时点造成的保险人的风险负担。仿效这一称谓，“逆长尾责任”意指确定责任主张时点后，之前不确定的责任产生时点造成的保险人的风险负担。

（三）疑义二：扩展报告期与责任主张时点

在事故发生基础制保单中，保险事故发生在保险期间之内，被保险人不需要考虑责任主张时点定位于何时的问题，因为不论何时主张责任，保险人均要对此负责。但在索赔基础制保单中，被保险人的责任主张时点被定位于保险期间之内。若超出了保险期间，单就该笔保单而言，即便责任发生时点是在追溯期内，被保险人也不能得到保障。为何事故发生基础制与索赔基础制中被保险人之境遇如此不同，根本原因就在于责任保险所承保之保险责任的发展顺序本是如此：先产生责任，再主张责任。若固定了责任产生时点，责任主张时点自然可随之确定；反之，若提前确定了责任主张时点，则遇到不在预先设置的责任产生时点产生之保险责任时，在对应的责任主张时点就没有相应的救济措施。

在索赔基础制中，通常在以下情况下会产生上述问题：（1）保险人解除保险单或不续保；（2）被保险人解除保险单或不续保；（3）保险人用较迟的追溯期保险单续保或替换原保险单；（4）保险人用事故发生基础制保险单续保或替换原保险单。① 在医师责任保险中，导致上述四种情况出现的原因是多方面的：基于医疗风险的不确定和赔偿数额的高昂，保险人会根据市场变化经常变更保费等重要保单条款；投保人或被保险人也可根据自身从事的诊疗活动的变化选择不同的保险人提供的不同类型的保单；索赔基础制自身存在的保障间隙使单笔保单并不能解决保险期间内出现的所有保险事故。这些原因实际上使得通过追溯日期限制了保障范围的索赔基础制保单，被保险人的保障范围被进一步限缩，显然不利于被保险人。同时，对保险人来说，过多地忽视被保险人的利益会使后者产生逆向选择，从长远来看是不利于保险人业务开展的。

为了避免这种向被保险人提供的索赔基础制失去延续性而导致保障落空的情形出现，作为保险契约提供者的保险人设计了扩展报

---

① 厦门理工学院、深圳大华联合保险经纪有限公司编著：《美国商业普通责任保险》，中国金融出版社 2010 年版，第 72 页。

告期条款。扩展报告期允许被保险人在保单到期或被撤销后仍然可以报告针对自己的索赔，只要导致索赔的错误行为发生在保险有效期内，保险人就负责赔偿。该制度正是为了弥补索赔基础制有可能产生的保障缺口问题而出现的。实务中，扩展保护期被分为基本扩展保护期与附加扩展保护期。前者之保障是自动适用的，投保人无需缴纳额外的保险费；后者之保障始于前者终止之日，且需投保人购买才能启动。

在医师责任保险中，扩展保护期能有效保障被保险人的执业风险，应予肯定。至于如何设置，则应结合该险种之特殊性加以考量。不同于一般责任保险，医师责任保险立足于医疗这一带有公共属性的活动，具有一定的公共政策性，① 在多数国家被规定为强制保险②。抛开我国医师责任保险之强制与否不谈，被保险人需获得持续的保障应为理论界和实务界日渐达成之共识。在此前提下，若选择索赔基础制保单，则必须考虑如何通过扩展保护期制度鼓励连续保险的问题。本书建议区分被保险人与保险人之原因，分别适用不同的扩展保护期，以达到预定之目的。

若因被保险人的原因导致保障缺口，如被保险人解除保险单、不续保或选择其他类型的保单，则被保险人仅享有较短的基本扩展保护期。该扩展保护期主要针对在保险期间内显现损害后果但未来得及主张责任的保险事故，而对于未显现损害后果从而无法主张责任的准保险事故而言则不具有保障作用。另外，对于附加扩展保护期，保险人也可设置较短的时限，并收取较高数额或比例的保费。

若因保险人的原因导致保障缺口，如保险人解除保险单、不续保或取消原先的保险单而提供新的类型的保险单，则被保险人可享有较长的基本扩展保护期。该扩展保护期不仅可保障保险期间内显现损害后果但未来得及主张责任的保险事故，还可保障未显现损害

---

① 吴海波：《构建政策性医疗责任保险的可行性研究》，《南京中医药大学学报（社会科学版）》2012 年第 2 期，第 102 页。

② 陈文袖：《论强制医师专业责任保险——以医疗事故受害人之损害填补为中心》，台湾东吴大学 2005 年硕士学位论文，第 144～146 页。

后果从而无法主张责任的准保险事故。另外，对于附加扩展保护期，保险人不得设置较短的时限，收取保费的数额或比例也不能太高。

第四节　医师责任保险的除外责任

医师责任保险的除外责任主要是指医师责任保险合同中的不保事项。① 基于医师责任保险的特殊性和法律的相关规定，必须排除在承保范围之外的情况被称为不保事项。此外，医师责任保险通常采取限额赔付原则，故对于超出限额的部分，即使该事项属于保险合同固定的承保范围，保险公司也不予赔付。本节将讨论医师责任保险的不保事项和责任限额。

一、不保事项

保险合同的不保事项通常有两种情况：一是原因除外责任，即在保险合同中约定，因何种原因造成的损失，保险人不承担赔偿责任；二是损失除外责任，即在保险合同中约定，保险人对何种损失不承担赔偿责任。根据相关法律规定和保险合同条款的惯例，除了不可抗力和意外事故，如战争、敌对行为、军事行动、武装冲突、恐怖活动、罢工、骚乱、暴动、盗窃、抢劫，核反应、核子辐射和放射性污染，地震、雷击、暴雨、洪水等自然灾害及火灾、爆炸等意外事故以外，医师责任保险的不保事项大致包括以下几个方面：

第一，对于被保险人身份资格的限制，如被保险人不具备执业医师资格或执业助理医师资格。

第二，因被保险人于执行医疗业务时之故意、恶意或违法行为所致者，如被保险人或在法律上须由被保险人承担责任的其他人的故意行为、非执业行为，被保险人从事未经国家医疗监管机构和所在医疗机构等有关部门许可的诊疗护理工作，被保险人在酒醉、吸

① 江朝国：《保险法基础理论（修订四版）》，台湾瑞兴图书股份有限公司2003年版，第352页。

毒、药剂麻醉或精神不正常状态下进行诊疗护理工作。

第三，根本与本保险标的无关者，如从事医疗美容活动，被保险人对其他人员导致的医疗事故或医疗差错所承担的责任。

第四，基本条款规定于不报项目，然理论上基于契约自由原则亦得由当事人以批单方式附加保费后纳入承保范围者，如被保险人对其他人员导致的医疗事故或医疗差错所承担的责任，除非其他人员为保单明细表上载明的指明被保险人。

第五，其他，如被保险人在从事诊疗护理工作中的人身损害，在追溯日期之前或保险期间终止之后所发生的医疗事故或医疗差错。

《合同法》第三十九条第一款规定："采用格式条款订立合同的，提供格式条款的一方应当遵循公平原则确定当事人之间的权利和义务，并采取合理的方式提请对方注意免除或者限制其责任的条款，按照对方的要求，对该条款予以说明。"《保险法》第十六条第一款规定："订立保险合同，保险人就保险标的或者被保险人的有关情况提出询问的，投保人应当如实告知。"第十七条规定："订立保险合同，采用保险人提供的格式条款的，保险人向投保人提供的投保单应当附格式条款，保险人应当向投保人说明合同的内容。对保险合同中免除保险人责任的条款，保险人在订立合同时应当在投保单、保险单或者其他保险凭证上作出足以引起投保人注意的提示，并对该条款的内容以书面或者口头形式向投保人作出明确说明；未作提示或者明确说明的，该条款不产生效力。"由于医师责任保险合同是格式合同，根据上述规定，保险人必须对不保事项进行明确说明，否则就有可能承担对己不利的后果。因此，在实践中，保险公司通常会将上述不保事项在保险合同中明确标注，以引起投保人的注意。有的保险公司还在不保事项下面空一行，由投保人注明接受该条款并签字，以表示投保人愿意受其约束。①

---

① 曾言、李祖全：《医疗责任强制保险制度研究》，湖南师范大学出版社2009年版，第138～140页。

二、责任限额

在医师责任保险中规定保险人的责任限额是很有必要的。一方面，医疗风险不可能完全消除，也不受人为控制，而一旦发生医疗损害，赔偿数额通常较大。若完全由保险人对患者进行全额赔付，难免会令保险人陷入入不敷出的境地，导致其营利目的不能实现。另一方面，在责任保险中，保险标的为对第三人的责任。若将该责任完全转移给保险人，则有可能导致被保险人产生道德风险，从而放任自己的行为，不顾对第三人造成的损害。当然，保险人可以通过提高保费等手段将此潜在的负担再度转移至投保人身上，但这种做法明显对恪守道德底线的投保人和被保险人不公平，而且会造成越来越多的被保险人放任自己行为的恶性后果。故在医师责任保险中，必须规定保险人的责任限额，保险人仅在责任限额之内对患者承担赔付责任。

关于责任限额的规定，实践中有两种做法：一种是在保险合同中规定每人每次的责任限额，另一种是在保险合同中约定，在保险责任范围内每人的累计责任限额，即一种是按次计算，另一种是累计计算。两种方法可以分别使用，也可以合并使用。无论采取何种方法，责任限额都由保险人在保险合同中进行规定。故保险人必须在订立保险合同前结合保险费率精算出具体额度，以免在执行医师责任保险时发生亏损。

第五章　我国医师责任保险合同条款

第一节　我国医师责任保险合同的备案情况

根据中国保险监督管理委员会保监厅函［2009］396号文件，中国保险行业协会网站开发了保险产品查询系统①，以方便社会公众按照保险公司及产品类别查询条款内容。该系统将保险产品分为财产险产品与人身险产品两大类。财产险产品数据库共包含44家保险公司的保险产品。各保险公司的产品信息详见表5-1、表5-2、表5-3和表5-4：

表5-1　　我国责任保险开设情况

保险公司名称	是否开设责任保险	保险公司数量	百分比
中银保险有限公司	没有产品信息	2	4.5%
华农财产保险股份有限公司			

① 需要说明的是，该系统目前公开的产品条款范围为各保险公司按照新修订的《保险法》于2009年10月1日前在保监会备案并在中国境内销售的一万四千余个保险产品条款信息。10月1日后新近备案的少量条款信息也包含在内。另外，保监会网站也提供备案产品查询服务，可检索并下载各保险公司在保监会备案的保险产品。但保监会提供的信息仅包括公司名称、产品名称、备案编号、备案日期、主附险和险种名称，没有保险条款的具体内容。经比对，该系统提供的数据与保监会的数据是一致的，故本书将按照中国保险行业协会提供的产品条款展开分析。详情可查阅中国保险行业协会网站保险产品查询系统，http：//www. iac hina. cn/04/01/，2013年10月27日访问。

续表

保险公司名称	是否开设责任保险	保险公司数量	百分比
太阳联合保险(中国)有限公司	否	3	6.8%
法国安盟保险公司成都分公司			
现代财产保险(中国)有限公司			
其他	是	39	88.7%
总计		44	100%

表 5-2　**我国医疗责任保险开设情况**

保险公司名称	责任保险产品数量	是否开设医疗责任保险	保险公司数量	百分比
上海安信农业保险股份有限公司	19	否	14	35.9%
信达财产保险股份有限公司	8			
天平汽车保险股份有限公司	15			
国元农业保险股份有限公司	12			
英大泰和财产保险股份有限公司	21			
浙商财产保险股份有限公司	6			
美亚财产保险有限公司	12			
日本东京海上日东火灾保险株式会社上海分公司	9			
丰泰保险(亚洲)有限公司上海分公司	15			
丘博保险(中国)有限公司	24			
三井住友海上火灾保险(中国)有限公司	4			
三星财产保险(中国)有限公司	4			
安联保险公司广州分公司	14			
日本财产保险(中国)有限公司	12			
苏黎世财产保险(中国)有限公司	21			

续表

<table>
<tr><th>保险公司名称</th><th>责任保险产品数量</th><th>是否开设医疗责任保险</th><th>保险公司数量</th><th>百分比</th></tr>
<tr><td>中意财产保险有限公司</td><td>5</td><td rowspan="4">否</td><td rowspan="4">14</td><td rowspan="4">35.9%</td></tr>
<tr><td>爱和谊保险公司</td><td>8</td></tr>
<tr><td>国泰财产保险股份有限公司</td><td>5</td></tr>
<tr><td>日本兴亚财产保险(中国)有限责任公司</td><td>7</td></tr>
<tr><td>其他</td><td></td><td>是</td><td>25</td><td>64.1%</td></tr>
<tr><td>总计</td><td></td><td></td><td>39</td><td>100%</td></tr>
</table>

表 5-3　　　　　**我国医师责任保险开设情况**

<table>
<tr><th>保险公司名称</th><th>责任保险产品数量</th><th>医疗责任保险产品数量</th><th>是否开设医疗责任保险</th><th>保险公司数量</th><th>百分比</th></tr>
<tr><td>中国人民财产保险股份有限公司</td><td>206</td><td>5</td><td rowspan="13">否</td><td rowspan="13">19</td><td rowspan="13">76%</td></tr>
<tr><td>中国太平洋财产保险股份有限公司</td><td>290</td><td>4</td></tr>
<tr><td>天安保险股份有限公司</td><td>34</td><td>2</td></tr>
<tr><td>大众保险股份有限公司</td><td>36</td><td>1</td></tr>
<tr><td>华安财产保险股份有限公司</td><td>40</td><td>4</td></tr>
<tr><td>永安财产保险股份有限公司</td><td>21</td><td>1</td></tr>
<tr><td>太平保险有限公司</td><td>62</td><td>2</td></tr>
<tr><td>永诚财产保险股份有限公司</td><td>26</td><td>2</td></tr>
<tr><td>安邦财产保险股份有限公司</td><td>32</td><td>1</td></tr>
<tr><td>安华农业保险股份有限公司</td><td>39</td><td>2</td></tr>
<tr><td>阳光财产保险股份有限公司</td><td>168</td><td>3</td></tr>
<tr><td>阳光农业相互保险公司</td><td>28</td><td>1</td></tr>
<tr><td>都邦财产保险股份有限公司</td><td>31</td><td>2</td></tr>
</table>

续表

保险公司名称	责任保险产品数量	医疗责任保险产品数量	是否开设医疗责任保险	保险公司数量	百分比
渤海财产保险股份有限公司	24	1	否	19	76%
中国人寿财产保险股份有限公司	114	1			
安诚财产保险股份有限公司	30	1			
鼎和财产保险股份有限公司	23	1			
紫金财产保险股份有限公司	24	1			
利宝保险有限公司	17	1			
其他			是	6	24%
总计				25	100%

表 5-4　**我国医师责任保险产品信息**

保险公司名称	责任保险产品数量	医疗责任保险产品数量	医师责任保险产品数量	医师责任保险产品条款名称	险别
中国大地财产保险股份有限公司	88	11	5	医师职业责任保险条款（期内索赔制）	主险
				医师职业责任保险条款（事故发生制）	主险
				医师职业责任保险附加输血责任保险条款	附加险
				医师职业责任保险附加医疗机构责任保险条款	附加险
				医师职业责任保险附加医疗意外或并发症责任保险条款	附加险

续表

保险公司名称	责任保险产品数量	医疗责任保险产品数量	医师责任保险产品数量	医师责任保险产品条款名称	险别
中国平安财产保险股份有限公司	94	5	2	平安医师责任保险条款	主险
				平安医师责任保险附加险条款	附加险
长安责任保险股份有限公司	72	2	1	执业医师职业责任保险条款	主险
中华联合保险控股股份有限公司	49	3	1	执业医师职业责任保险条款	主险
华泰财产保险股份有限公司	67	5	2	口腔医师执业责任保险条款(期内索赔制)	主险
				口腔医师执业责任保险(期内索赔制)附加条款	附加险
民安保险(中国)有限公司	29	2	1	内镜医师执业责任保险条款	主险

不难发现，我国的医疗责任保险并没有像产品责任保险等典型责任保险的普及度那么高，更别说医师责任保险了。在备案的44家保险公司中，39家保险公司设有责任保险产品，其中25家保险公司设有医疗责任保险产品。但这25家保险公司要么笼统地开设医疗责任保险（附加险），要么仅开设医疗机构责任保险（附加险），单独开设医师责任保险（附加险）的保险公司仅有表5-4中列举的6家。在医患矛盾日益尖锐、医疗纠纷不断升级的背景下，保障医务人员和医疗机构自身利益、分散医疗风险、化解医患矛盾的医师责任保险品种如此之少（尽管系统不能反映实际参保和赔付情况，但各保险公司的备案条款数量较少，实际执行情况应不容

乐观)，令人不得不深思背后的原因。

医疗卫生服务行业的健康发展关系着人民生命健康权益保障的实现与否。然而，医学事业作为“缺陷科学”，存在着无限延伸的不可预知情况，其在发展过程中必然会受到各种条件的影响，如人类认知水平、现有医疗手段、生命体复杂多样性等。这些因素会导致医疗行为风险骤升，同时，其服务对象的特殊性也决定了医疗机构及其从业人员的责任与风险远较其他行业更高。① 医疗风险的存在对医患双方都可能产生危害性的后果，而单独由医师、医疗机构或患者来承担，都会造成不公平的结果。损害分散的思想已经逐渐成为侵权行为法的思考方式，认为损害可以先加以内部化处理，由制造危险活动的企业承担，再经由商品或服务的价格机能，或保险（尤其是责任保险）加以分散，由多数人承担。② 基于医疗行为的高风险性，医疗事故总是不可避免的。既然这样，医疗责任保险和社会医疗保险就成了不可缺少的医疗损害社会化分担的工具。

医疗损害责任是医疗机构及医务人员在医疗过程中因过失，或者在法律规定的情况下无论有无过失，造成患者人身损害或其他损害，都应当承担的以损害赔偿为主要方式的侵权责任，③ 具体包括医疗技术损害责任、医疗伦理损害责任和医疗产品损害责任。医疗损害责任的责任主体是医疗机构，行为主体是医务人员。其发生在医疗活动中，责任形态为替代责任。这些特征决定了在医疗损害责任产生之后，造成患者人身损害的行为人——医务人员并不直接承担责任，而是由其所属的医疗机构承担责任。医疗机构在承担赔偿责任后，再向有过失的医务人员行使追偿权。相应的，我国的医疗责任保险通常表现为医疗机构和医生都

① 赵敏主编：《医疗法律风险预防与处理》，浙江工商大学出版社 2012 年版，第 2 页。

② 刘鑫、杨鑫鑫：《医疗损害责任立法若干问题思考》，《中国司法鉴定》2010 年第 2 期，第 43 页。

③ 杨立新：《医疗损害责任研究》，法律出版社 2009 年版，第 42 页。

是被保险人，但医疗机构为主投保更普遍。我国医疗责任保险的这种设置方式是与现行的医疗体制结构密切相关的。不可否认，这样会加大医疗机构的经营风险和经济负担。我国目前的医疗服务体系是以非营利性医疗机构为主体、营利性医疗机构为补充，公立医疗机构为主导、非公立医疗机构共同发展的模式。对于政府举办的公立医院而言，其资产实际上属于国家所有。赔偿频率过高会导致保险公司提高保费，赔偿数额过大会导致超出责任保险的限额。不可避免的医疗纠纷将使国家财产无谓流失，公立医院不堪重负。而民营医院、私立医院、股份制医院等医疗机构以营利为重要目标。若责任保险不能减轻潜在的医疗纠纷产生的赔偿责任，甚至还会大大增加医疗机构日常经营的成本，那倒不如不参保，待医疗纠纷发生之时再通过其他途径解决。另外，目前我国营利性私营医疗机构已经占据相当比例，诸多类似个人合伙型和个体工商户型的个体诊所等医疗机构并没有独立承担民事责任的资格。依据相关民事法律，当发生医疗损害赔偿责任时，应由作为合伙人或个体独立经营的执业医师来承担医疗损害赔偿责任。此时，执业医师自当成为责任保险的被保险人。① 由此可见，我国现行的以医疗机构为主投保的医疗责任保险过于强调医疗机构的责任主体角色，却忽视了实际参与医疗活动的医务人员在诊疗过程中发挥的作用与应承担的责任，易产生医疗责任保险投保率和普及度不高的后果，也不利于医疗机构的经营和发展。

其实，患者到医院就医，受到的损害可能来自于医疗机构，也可能来源于医务人员。从医疗损害责任中细化出医疗机构责任与医师责任，对确定损害内容、固定责任主体、快速开展赔偿、缓解医患关系等都具有积极意义。由于医疗活动的行为主体是医务人员，其在执行医师业务时，直接导致病人身体伤害或者死亡的，应承担赔偿责任；符合医师责任保险条款的，保险公司可进

① 孙书阁、杨琳：《论中国医疗责任保险的法律类型重构》，《经济研究导刊》2012 年第 17 期，第 167 页。

行赔偿。而医疗机构责任保险则针对承保医院因其营业处所与设施（如电梯、仪器）等之设置、保管、管理不当所引发之意外事故，以及医院或其受雇人之经营行为（如医院内供应的食物、饮用水有缺陷）而发生意外事故等所导致的对第三人依法应负的损害赔偿责任。医疗机构责任保险的保费明显低于医师责任保险，可以减轻医疗机构的经营风险和成本。同时，由医师个人投保医师责任保险（即使由医师个人与医疗机构共同投保，也优于医疗机构单独投保），能加强医务人员的责任感，督促其更加仔细谨慎地进行诊疗活动，还能将医疗机构从繁杂的投保、理赔事宜中解脱出来，更加专注于医院的硬件建设和医疗活动的后勤保障。

此外，医师责任保险作为一个单独的保险产品，从医疗责任保险中独立出来，也符合医疗体制改革的趋势。在我国，医生流动是受到严格限制的。根据《执业医师法》规定，医生必须同时拥有“医师资格证书”和“医师执业证书”方可合法行医。也就是说，每位医生都隶属于某家医疗机构。在医师与医疗机构“捆绑”的年代，由医疗机构代医师投保责任保险是不存在任何问题的。由于存在身份隶属关系，医师的行为在某种程度上就等同于医疗机构的行为，医疗机构在承担赔偿责任之后也能够顺利地向有过错的医师追偿。但在2009年，原卫生部下发了《关于医师多点执业有关问题的通知》。当年12月，广东省卫生厅发布了《关于医师多点执业的试行管理办法》。2010年，深圳市开始试点医师多点执业。①当前，推行医生多点执业已经成为大势所趋。它将让医生从“单位人”变为“行业人”，最大限度地解放了医疗生产力。② 若医师同医疗机构不再存在身份隶属关系，或这种身份隶属关系不再像现

① 曹政：《医师自由流动政策欲将在深圳实行》，载 http：//www. cmda. gov. cn/xinwen/redianxinwen/2013-07-2 9/12310. html，2013年10月27日访问。

② 白剑峰：《打破束缚医生的“枷锁”》，《人民日报》2013年8月30日第19版。

在这般紧密，医疗损害责任主体从医疗机构转为医师就是自然而然的事情了。与其在医疗体制改革后对保险业务进行调整，不如提早适应改革趋势，将医师责任保险单列出来。

第二节　我国医师责任保险条款内容

根据中国保险行业协会保险产品查询系统提供的信息，目前共有6家保险公司单独开设了医师责任保险（附加险），分别是中国大地财产保险股份有限公司（以下简称“大地财险”）、中国平安财产保险股份有限公司（以下简称“平安财险”）、长安责任保险股份有限公司（以下简称“长安责任”）、中华联合保险控股股份有限公司（以下简称“中华联合”）、华泰财产保险股份有限公司（以下简称“华泰财险”）和民安保险（中国）有限公司（以下简称“民安财险”）。其中，华泰财险和民安财险开设的医师责任保险分别针对口腔医师和内镜医师，其余4家保险公司开设的医师责任保险未明确医师类别。下文将以这6家保险公司的医师责任保险（附加险）为研究样本，对其中的差异之处进行分析。

一、保单类型（承保时间）

按照承保事故发生的时间点，保单种类可分为索赔发生制（又称期内索赔制）和事故发生制（又称期内发生制）。索赔发生制是于保单期间内，对被保险人之受第三人赔偿请求应负理赔责任，至于责任事故系发生于保单期间内或保单期间前，则非所问。而事故发生制保单是指凡在保险期间内发生保险事故，被保险人在规定时效内请求赔偿，则保险人应负赔偿责任。换言之，纵使是在保单期满之后才提出理赔要求，保险公司亦需赔偿。① 自从20世纪二三十年代医疗责任保险在欧美出现以后，保险公司一直都采用

① 林义城：《从各国医疗法律责任规范论我国建立医师医疗责任险法制化》，台湾东海大学2006年硕士论文，第69页。

事故发生制保单。但是，随着 20 世纪 70 年代中期医疗责任保险危机的爆发，保险公司为控制未来赔偿风险，减轻医方的保费负担，纷纷将事故发生制保单变更为索赔发生制保单。目前，我国的大地财险既有索赔发生制保单，又有事故发生制保单；平安财险、长安责任和华泰财险为索赔发生制保单；中华联合和民安财险为事故发生制保单。

索赔发生制保单与事故发生制保单在承保范围、不保事项、责任限额等方面皆相同，最大的不同之处为保险期间。索赔发生制保单提供的保障从追溯期到保单终止日，在保单期间或延展请求期间内可提出索赔；事故发生制保单则仅保障保单期间发生的保险事故。由于事故发生日、事故发现日、报告索赔日之间存在一定的时滞，事故发生制保单通常会产生“长尾”问题。若保单期满若干年后提出索赔，保险公司的准备金无法精确计算，加上通货膨胀的影响，理赔成本较过去更高，抗辩费用也随之增加，都将给保险公司带来巨大的赔付压力。另外，由于事故发生日与事故发现日及报告索赔日之间的期间较长，如何判断事故的确发生在保险期间之内，又如何区分单一事故与多次事故，都是实务中容易引起争议的问题。两相比较，事故发生制保单较保险人更为不利。尤其在医师责任保险中，医疗风险不确定、损害潜伏时间长，在该险种尚不普及的背景下，若采用事故发生制保单，易导致保险公司经营上的诸多障碍。值得一提的是，为避免“长尾”问题，民安财险在内镜医师执业责任保险条款的“释义”部分规定了 6 个月的发现期作为赔偿的前提。① 这一安排确实有效切断了“长尾”的隐患，但随之又带来另一问题：是否过于保护医师及保险公司的利益而忽视了患者的利益？或许内镜医师在医疗活动中的医疗损害不比新生儿

① 民安财险内镜医师执业责任保险条款“释义”：发现期指本保险单保险期间届满时起至发现医疗责任事故时止，但与上述医疗责任事故有关的内镜诊疗活动应在保险期间内。在该期间或保险期间内发现责任事故，并由患者或其近亲属首次向被保险人及其所在医疗机构提出索赔申请，是本保险负责赔偿的基础。发现期为 6 月。

医生造成的医疗损害潜伏的时间长，可以适用发现期的规定，但对于格式化的医师责任保险来说，在没有细化到根据医疗活动类别单独设定不同医师的责任保险条款时，笼统地采用索赔发生制保单应更能适应大多数医师的需求，况且内镜医师同样可以选择索赔发生制保单投保。

在索赔发生制保单中，保险人要承担保险责任，必须满足三个条件：(1) 保险事故发生在保单追溯日之后；(2) 患者及其代理人对被保险人的首次索赔必须发生在保险期间终止日期前；(3) 被保险人必须在报告期内通知保险人。① 由此，索赔发生制保单中有如下条款需要特别注意：

(一) 追溯日期条款

追溯日是在保险单中载明的，保险人所承保的医疗事故发生的最早日期。通常情况下，保单的追溯日就是保单的生效日。虽然名为“追溯”，但保险人并不乐意承担保单生效前发生的损害赔偿责任。追溯期就是从保险单载明的追溯日起至保险期间起始日止的期间。追溯日期条款可以排除以往已发生的或必然会发生的医疗损害责任，减轻保险公司的负担，明确保险公司的承保时间。

在采用索赔发生制保单的4家保险公司中，除了长安责任以外，其他3家保单都有关于追溯日或追溯期的释义。其中，大地财险的追溯期概念侧重于在该公司不间断承保情况下医疗责任期间的扩展。② 出于促进医师责任保险发展的目的，建议将大地财险的追

① 谭湘渝：《医疗责任保险研究》，上海财经大学出版社2008年版，第199页。

② 大地财险医师职业责任保险（期内索赔制）条款释义（十二）追溯期：“指在不间断承保的情况下，保险人在签发当年保单时，扩展承保被保险人在先前保单项下的医疗责任的期间。每一年份保单的追溯期最长不超过5年，也就是说，第1年保单项下的保险责任在此后的保单中连续扩展承保5年，连续承保第6年时，第1年保单项下的保险责任自动终止。其他年份保单扩展承保的时间依此类推。如果被保险人中途脱保，追溯期终止。”

溯期概念推广至其他保险公司，即使在不同年份向不同的保险人投保医师责任保险，只要是不间断投保，当年的保险人都应接受自第一次投保时的追溯日。

（二）首次索赔条款

患者及其代理人对被保险人提出的关于医疗损害责任的索赔必须是“首次索赔”。这对于界定赔偿责任及防范道德风险十分重要。它可以排除本应由前任保险人承担的责任，防止被保险人从同一保险人前后不同的保单中获得更有利于自己的保障。由于实践中患者或其代理人可能不止一次向被保险人提出索赔，因此，索赔发生制医师责任保险条款都有关于首次索赔条款的规定。

在采用索赔发生制保单的4家保险公司中，只有大地财险和华泰财险规定了首次索赔条款，但二者规定略有不同。大地财险将首次索赔及之后索赔的时间确定于保险期间及扩展报告期之内，但并未明确何为扩展报告期及如何确定扩展报告期。① 华泰财险则将首次索赔的时间限制在保险期间内，但之后的索赔可在首次索赔之后两年内提出。② 两相比较，大地财险的规定似乎对患者及其代理人更为有利。按照华泰财险的规定，首次索赔的提出时间决定了之后索赔的有效期间。保险追溯日刚过即发生首次索赔和保险快到期之前发生首次索赔对之后索赔的提出时限会产生相当大的影响。此

① 大地财险医师职业责任保险（期内索赔制）条款第五条：“患者或其代表在保险期间及扩展报告期内首次向被保险人提出索赔后，就同一件医疗事故向被保险人提出其他索赔的，不论是否在保险期间或扩展报告期内提出，都视同首次向被保险人索赔时提出。”

② 华泰财险口腔医师执业责任保险（期内索赔制）条款第四条：“……（一）患者或其代表在保险期间内首次向被保险人或被保险人所在的医疗机构提出索赔……第六条：患者或其代表就同一医疗事故向被保险人提出的不同索赔请求作为一次事故，在满足以下条件的前提下，保险人按照本保险合同的约定负责赔偿：（一）首次索赔符合第四条的要求；且（二）不同的索赔请求在首次索赔提出之日起两年内向被保险人或被保险人所在医疗机构提出……”

外，保单的有效期长短对之后索赔也会产生影响。如在一年期保单中，之后索赔的提出时限必然会超过保单有效期；而在五年期保单中，之后索赔的提出时限有可能在保单有效期之内。灵活的首次索赔条款可能造成对患者及其代理人相同情况不同处理的后果，建议采用大地财险的设定方式，固定首次索赔及之后索赔的时间为保险期间及扩展报告期之内。

（三）报告期条款

在患者及其代理人向被保险人提出索赔要求后，被保险人应及时通知保险人，以便保险人处理调查并进行赔付，否则有违索赔发生制保单的初衷，产生“长尾”问题。一般来说，报告期应与保单有效期一致，即报告日应在保单到期日之前。但实践中可能出现临近保单到期日被保险人才接到索赔请求的情况。若因报告期届满而丧失请求保险人赔付的权利，显然于被保险人是十分不公平的。因此，索赔发生制保单中应列有报告期条款。

在采用索赔发生制保单的4家保险公司中，只有大地财险和华泰财险规定了报告期条款，时长从保险期间收到索赔至保险期间结束后30日，但华泰财险还额外规定了非首次索赔后的报告期间为收到患者或其代理人的索赔请求后30日；平安财险和长安责任仅规定应及时或立即通知保险人。鉴于医疗行业的高风险性，一旦治疗效果与期望结果出现差距，患者往往会立即提出索赔。若保险公司能及时介入医患关系，对受害人给予物质赔偿和精神安慰，不仅能够分散医疗风险，缓解医患矛盾，避免患者及其家属进一步采取过激行为引发的伤害，也可以解决医疗机构的赔偿资金难题，使得医疗机构和医务人员能够专心提高医疗服务质量。建议缩短报告期，规定被保险人收到首次索赔请求后5日内书面通知保险人。同时，按照上文的分析，若将首次索赔及之后索赔的时间固定为保险期间及扩展报告期之内，则除首次索赔外，被保险人也应在收到患者或其代理人的索赔请求后5日内书面通知保险人。

（四）扩展报告期条款

扩展报告期条款允许被保险人在保单到期或被撤销后仍然可以报告针对自己的索赔，只要导致索赔的错误行为发生在保险有效期内，保险人就负责赔偿。该条款是为了弥补索赔发生制保单有可能产生的保障缺口问题而出现的。如在被保险人更换承保人之后，如果在新的保险期限内发生索赔，但该医疗损害却发生在新的保险追溯期之前，那么由于之前的保险已经过期，前一个保险人不会理赔，后一个保险人也不会理赔。扩展报告期条款可以有效解决这一问题，保障被保险人的利益。

在采用索赔发生制保单的 4 家保险公司中，大地财险只在条文中提及扩展保护期，未明确何为扩展报告期及如何确定扩展报告期；华泰财险则详细规定了扩展报告期条款。① 由于扩展保护期增加了保险人的负担，只有保险人在保险期间解除本保险合同或保险

① 华泰财险口腔医师执业责任保险（期内索赔制）条款第三十八条扩展报告期：“（一）如果保险人在保险期间解除本保险合同或保险人拒绝续保的，投保人有权购买扩展报告期保障。保险人提供的与已届满的保险合同不同的续保条款、条件、责任限额或保险费等内容变更并不构成拒绝续保的要件。投保人购买扩展报告期保障的，应在保险合同效力终止日期结束前 30 日内向保险人书面提出购买扩展报告期保障的要求，并按约定的时间额外支付保险人要求的保费。投保人未在上述期限内提出要求或未按时支付额外保费的，视为投保人放弃此项权利。扩展报告期长短由双方协商确定。（二）自本保险合同载明的追溯日期起至保险合同终止之前发生的医疗事故，首次向被保险人或被保险人所在的医疗机构索赔的时间以及被保险人首次向保险人通知的时间可延长至扩展报告期。扩展报告期从保险合同终止之日开始。它不扩展保险期间，也不改变保险责任。（三）保险合同列明的每人责任限额、每次事故责任限额和累计责任限额适用于扩展报告期。扩展报告期不恢复或增加各项责任限额。（四）对扩展报告期内提出的索赔，若被保险人另有其他保险的，保险人仅承担超过任何其他有效且可获理赔的保险赔偿金额以上的损失金额。（五）投保人解除本保险合同的，无权购买扩展报告期保障，保险人不提供扩展报告期保障。”

人拒绝续保时，投保人有权购买扩展保护期的规定是十分合理的。① 一般而言，增加扩展保护期并不会增加事故责任限额和累计责任限额。但华泰财险的扩展保护期条款仍存在两个问题：第一，未明确扩展保护期的时间和收费标准，由双方协商不利于规范化操作。建议列出不同时限的扩展保护期，如 1 年、2 年、3 年等，以及附加保费的标准，如 1 年扩展保护期的附加保费可以在一般年保费的 75% ~ 125% 之间变动。第二，投保人购买扩展报告期保障的时间过短。在保险合同终止前，被保险人可能选择续保或更换保险人。此时要求其在保险合同效力终止日期结束前 30 日内向保险人书面提出购买扩展报告期保障的要求，未免过于苛刻。建议规定一个宽限期，如 7 ~ 10 天，供被保险人考量。

二、承保对象

承保对象即被保险人，在责任保险中是对他人造成财产损失或身体伤害依法应负责任的人。由于医师责任保险是以医务人员在从事与其资格相符的诊疗护理工作中因过失造成医疗损害，进而承担赔偿责任的责任保险，故不是医疗机构中的任何人造成患者损害都可以由医师责任保险承保。简单地说，医师责任保险中的承保对象属于医疗机构的医务人员。

在上述 6 家保险公司提供的 7 份医师责任保险中，除华泰财险

① 我国台湾地区保险公司为保险合同终止或届满后不续保且未向其他保险公司投保的被保险人提供了自合同终止或届满日起 30 日的免费的基本发现期间。保险人对原保单追溯日至保险合同终止或届满之间的医疗损害承担赔偿责任。同时，在基本发现期间届满前 15 日，被保险人可以书面申请延长发现期间。参见高添富：《责任保险条款与医师责任责任保险基本条款》，载 http：//www. drkao. com/3rd_ site/3 _ 1/066. html，2013 年 10 月 27 日访问。该延长发现期相当于本书所述之扩展报告期。可见，基本发现期是保险人对被保险人提供的优惠。但这一制度不适用于大陆地区。当前医患矛盾激化，医疗纠纷增多，医师责任保险的开展情况却不尽如人意，其中一个很重要的原因就在于低投保率、低保费和高赔付率。若此时保险人再免费“赠送”基本发现期，无疑不利于激励其开展医师责任保险的积极性，也间接提高了其经营成本。

和民安财险开设的医师责任保险特别针对口腔医师和内镜医师外，平安财险含糊规定“符合保险人承保条件的医疗机构及其执业医师可分别作为本保险合同的被保险机构和被保险医师”，其余3家均将被保险人界定为依法取得执业医师资格或者执业助理医师资格，经注册在医疗、预防、保健机构中执业的医务人员。① 这一规定与《执业医师法》第二条是基本一致的，但其中仍有两点需要明确：

（一）承保对象范围

根据我国关于卫生技术人员职务的有关规定，各级分类医疗机构中承担诊断、治疗、护理的专业技术人员均属于医务人员，具体包括：主任医（药、护、技）师、副主任医（药、护、技）师、主治（主管）医（药、护、技）师、医（药、护、技）师及医（药、护、技）士。② 这些医务人员中的医师即属于《执业医师法》规定的依法取得执业医师资格或者执业助理医师资格，经注册在医疗、预防、保健机构中执业的专业医务人员，可以成为医师责任保险的承保对象。

对于刚从学校毕业，处于见习期的诊断、治疗、护理人员而言，虽然他们没有专业技术职务，但从病患的角度出发，其与其他诊断、治疗、护理人员并无区别。另外，尚未从学校毕业但来医院实习的学生也不具有独立的诊断、治疗、护理的能力。他们只能在指导医生的指导下进行一定范围的临床实践，其行为应被认定为是指导医生的行为。按照我国的《执业医师法》第二条的规定，依法取得执业医师资格或者执业助理医师资格，经注册在医疗、预防、保健机构中执业的专业医务人员，适用本法，故而

① 长安责任注意到承保对象类型对保费的影响，但未做进一步细化。其执业医师职业责任保险条款第十一条：保险人按照被保险人具体的医师科别、风险情况及赔偿限额参照费率表确定具体适用的费率，以赔偿限额乘以费率计算出被保险人应交纳的保险费。

② 强美英：《医疗损害赔偿责任分担研究》，知识产权出版社2010年版，第27页。

见习、实习的医学生没有注册成为执业医师，不具备执业医师的资格，不能成为医师责任保险的责任主体。但是，考虑到见习生、实习生阶段是培养未来医师的必经程序，若因其医疗水平有限而产生医疗损害，令其在职业生涯刚开始之时就面临巨额经济赔偿，难免会不利于医疗人才的培养和医疗事业的发展。况且，见习生、实习生所负的医疗损害责任最终也会由所在医疗机构或所属指导医生承担，若不能通过医疗机构责任保险或医师责任保险予以化解，对医疗机构和医师都是巨大的经济负担。因此，符合一定条件的见习生、实习生也应被间接扩展至被保险人的范围。

除了见习和实习制度，我国还有医师进修制度。根据《执业医师法》第二十一条和第三十五条的规定，医师在执业活动中应参加专业培训，接受继续医学教育。进修医师并非其所在进修医院的正式职工，但也是具有执业资格并依法注册的执业医师，应为医师责任保险的承保对象。

（二）承保对象类型

医师责任保险的核心问题之一是保费的厘定。而保费的高低与医师从事医疗行为的风险高低密切相关。随着近年来医疗技术的进步和外科手术数量的增加，医疗风险呈逐年上升态势，且不同专科的医师承担的医疗风险差异也愈加明显。若不在保单中对被保险人的风险进行分类评估，就不能详细对保费进行定级，不利于保险公司业务的开展。建议采取我国台湾地区的分类方式①，结合被保险人所在的医疗机构开设的医疗项目及被保险人开展的医疗活动类

① 我国台湾地区将医师责任保险的承保对象分为三类。甲类：内科；乙类：耳鼻喉科、眼科、皮肤科、泌尿科、神经科（不施开刀手术者）；丙类：妇产科、外科、整形科、精神科、儿科、牙科、性病科。参见王惟琪：《医师专业赔偿责任保险——兼论采行日本医师会医师赔偿责任保险之可行性》，台湾大学2007年硕士论文，第47页。

型，根据医疗活动的风险高低和索赔情况，将医师分为三类，① 分别厘定保费，具体情况如表5-5：

表5-5　　我国医师责任保险承保对象分级建议

类别	科室名称	具体内容
甲类	大内科	心血管内科、呼吸内科、消化内科、血液内科、免疫内科、内分泌科、肾内科、感染内科、肿瘤内科、神经内科、普通内科、内科ICU、心理医学科
	体检中心	
	设备科	
乙类	五官科	耳鼻喉科、口腔科、皮肤科、眼科
	中医科	中医内科、中医外科
	医技科	检验科、放射科、核医学科、理疗科、放疗科、病理科、超声诊断科、输血科
丙类	大外科	基本外科、心胸外科、心脏外科、泌尿外科、骨科、神经外科、血管外科、乳腺疾病科、外科ICU、麻醉科、胰腺外科、肠外肠内营养科、肝脏外科、烧伤整形、微创、传染科、手术室
	妇儿科	妇科、产科、儿科

三、承保范围

“损害”是使事业、利益、名誉等蒙受的损失。医疗损害即因

① 原卫生部依据临床一、二级学科及专业名称编制，于1994年《关于下发〈医疗机构诊疗科目名录〉的通知》中编制了《医疗机构诊疗科目名录》，作为填写《医疗机构执业许可证》和《医疗机构申请执业登记注册书》相应栏目的标准。之后，该《名录》又经过了若干次增补。但该通知附录2《〈诊疗科目名录〉使用说明》中又强调：医疗机构实际设置的临床专业科室名称不受本《名录》限制，可使用习惯名称和跨学科科室名称。故本书并未依据该《名录》对医师及其所属科室进行分类。

医疗行为的介入（非因疾病本身）而导致的伤害，或者是医疗行为产生的负面结果。① 按照在现有的医学知识、条件下该损害是否可预知，可将医疗损害分为两大类：第一，若医师已预知该损害，但因其主观过错②而未能避免，则法律将追究其损害赔偿责任（在损害原因也掺杂了患者本身过错的情况下可减轻行为人的责任）。这种情形之典型代表为医疗事故、医疗差错。反之，若医师已预知该损害（如并发症、后遗症），但对损害的发生在主观上没有过错，则可利用"告知同意法则"来分配责任，即如果医疗行为在告知患者并获得同意后实施，发生的可预见的医疗损害由患者自己承受；相应的，若医疗行为没有告知患者或告知但未获得同意，则实施后的医疗损害由医师负责。这也符合"自甘冒险"的原则。③ 第二，若该损害不可预知，就没有医师应采取何种措施予以避免的问题，更谈不上追究医师的医疗损害责任。这种情形之典型代表为医疗意外。

医师责任保险的承保范围必定局限于医疗损害，但是否完全等同于医疗损害则值得探讨。上述6家保险公司提供的7份医师责任保险条款对承保范围的表述各有不同，详见表5-6。

表5-6　**我国医师责任保险承保范围**

保险公司	损害发生原因	损害后果
大地财险	过失	发生医疗事故并造成患者人身损害
平安财险	职业过失行为	导致意外事故，造成患者人身伤亡
长安责任	错误、过失、疏忽行为或失职行为	直接导致患者死亡、残废、组织器官损伤导致功能障碍

① 陈玉玲：《医疗损害社会化分担之法理基础》，刘士国主编：《医事法前沿问题研究》，中国法制出版社2011年版，第211～212页。

② 过错包括故意和过失两种形态，但在医疗损害赔偿案件中主要以过失为常见形态。参见强美英：《医疗损害赔偿责任分担研究》，知识产权出版社2010年版，第159页。

③ 曾言、李祖全：《医疗责任强制保险制度研究》，湖南师范大学出版社2009年版，第94页。

续表

保险公司	损害发生原因	损害后果
中华联合	错误、过失、疏忽行为或失职行为	直接导致就医病人死亡、残废、组织器官损伤导致功能障碍
华泰财险	过失	发生医疗事故直接造成患者人身损害
民安财险	疏忽或过失	造成患者人身损害、或人身侵权

医学伦理要求医生“视病如亲”，“永不存损害妄为之念”。① 医疗损害责任中的主观过错要件应表现为医疗机构及其医务人员在诊疗护理中的过失而不是故意。医疗过失是指医疗机构在医疗活动中，医务人员未能按照当时的医疗水平通常应当提供的医疗服务，或者按照医疗良知、医疗伦理应当给予的诚信、合理的医疗服务，没有尽到高度注意义务，通常违反医疗卫生管理法律、行政法规、部门规章、医疗规范或常规，或者未尽法定告知、保密义务等的医疗失职行为作为标准进行判断的主观心理状态，以及医疗机构存在的对医务人员疏于选任、管理、教育的主观心理状态。简言之，医疗过失就是医疗机构及医务人员未尽必要注意义务的疏忽和懈怠。② 具体到医师责任保险条款中，建议采用“过失”的表述即可。这里的“过失”与《侵权责任法》中的“过错”应为同一意义。

在我国，由医疗过失导致的医疗损害通常可分为医疗事故和医疗差错。根据《医疗事故处理条例》第二条，医疗事故是指医疗机构及其医务人员在医疗活动中，违反医疗卫生管理法律、行政法规、部门规章和诊疗护理规范、常规，过失造成患者人身损害的事

① 张新宝：《大陆医疗损害赔偿案件的过失认定》，朱柏松等：《医疗过失举证责任之比较》，台湾元照出版公司 2008 年版，第 79 页。

② 杨立新：《医疗损害责任研究》，法律出版社 2009 年版，第 99 页。

故。同时，根据第四条对医疗事故等级的规定①，达到造成患者明显人身损害以上的严重程度的情况才构成医疗事故。相应的，医疗过失行为导致的没有造成患者明显人身损害的情形被称为医疗差错。《医疗事故处理条例》的这一规定深受诟病，既不利于实践中的操作，也不利于患者权益的保护。建议重新界定医师责任保险的承保范围，损害后果应不局限于医疗事故。

四、不保事项

保险是转移风险的手段，但是并非医师致患者损害时所有的赔偿责任均可以通过医师责任保险予以转嫁。在保险实务中，保险人均会在保险合同中明确自身不负赔偿责任的除外原因和除外责任。上述6家保险公司提供的7份医师责任保险条款对不保事项的规定基本相同，但在细节方面仍有个别问题值得商榷：

（一）重大过失行为

平安财险和中华联合对投保人、被保险人及其代表的重大过失行为不予赔偿，其余4家未将重大过失行为列入不保事项。根据上文所述，医师责任保险承保范围中，对责任人的主观心态要求仅为过失即可，且《医疗事故处理条例》及《侵权责任法》也并未将过失细分为重大过失和一般过失，故不保事项中不宜列入重大过失行为，以免和承保范围中的过失行为相混淆。

（二）医疗美容活动

大地财险和平安财险均将医疗美容活动列入不保事项，但后者规定了除外条款，即被保险人对患者实施以美容或整形为目的的外

① 《医疗事故处理条例》第四条规定："根据对患者人身造成的损害程度，医疗事故分为四级：一级医疗事故：造成患者死亡、重度残疾的；二级医疗事故：造成患者中度残疾、器官组织损伤导致严重功能障碍的；三级医疗事故：造成患者轻度残疾、器官组织损伤导致一般功能障碍的；四级医疗事故：造成患者明显人身损害的其他后果的。具体分级标准由国务院卫生行政部门制定。"

科手术或治疗，是在患者因意外事故受伤后为维持生命或避免永久性伤残必须进行的，则属于承保事项。其余 4 家没有对此作出规定。尽管美容师同样需要责任保险来保障其行医安全，但其完全可以选择美容师职业责任保险而非医师责任保险。毕竟，医疗美容活动不同于传统的医疗活动。建议参照平安财险的规定，有条件地排除医疗美容活动。

（三）另有约定除外

平安财险列举了被保险人无过失的六种特定情形，将之排除在不保事项之外。① 诚然，不保事项本就有法定的限制和约定的限制两类，保险人可以通过法律的规定和合同的约定限制其保险责任的范围。法律禁止作为保险标的的损害赔偿责任，不论保单是否规定，均不属于保险责任的范围；根据保险合同中合同双方的约定，条款中列明的保险人不承担的保险责任事故不属于保险责任范围。② 但需要注意的是，当事人约定之内容应是不保事项而不是承保事项。按照平安财险的规定，这六种被保险人和保险人本不需承担赔偿责任，但因约定而产生除外效果的情形有一个共同点，就是被保险人主观上不具有过失。但这与之前关于承保范围的规定相矛盾。故该条规定建议删除。

五、附加险

附加险相对于主险（基本险）而言，是指附加在主险合同下

① 平安财险平安医师责任保险条款第八条：“对于《医疗事故处理条例》中规定的被保险人不需要承担赔偿责任的下列情形，保险人也不承担任何赔偿责任，但本保险合同另有约定的除外：（一）在紧急情况下为抢救垂危患者生命而采取紧急医学措施造成不良后果的；（二）在医疗活动中由于患者病情异常或者患者体质特殊而发生医疗意外的；（三）在现有医学科学技术条件下，发生无法预料或者不能防范的不良后果的；（四）无过错输血感染造成不良后果的；（五）因患方原因延误诊疗导致不良后果的；（六）因不可抗力造成不良后果的。”

② 杜康宁：《医师责任保险制度研究》，湖南大学 2009 年硕士论文，第 23 页。

的附加合同。附加险保费低廉，但保障内容丰富，是各大保险公司展现专业、创意、服务的根本出发点。上述6家保险公司中，长安责任、中华联合和民安财险没有提供医师责任保险附加险，其余3家设有不同的附加险，详见表5-7：

表5-7　　**我国医师责任保险附加险产品信息**

保险公司	附加险名称	附加险内容
大地财险	医师职业责任保险附加输血责任保险条款	
	医师职业责任保险附加医疗机构责任保险条款	
	医师职业责任保险附加医疗意外或并发症责任保险条款	
平安财险	平安医师责任保险附加险条款	附加精神损害赔偿责任保险条款 附加医疗意外责任保险条款 附加事故发生制条款 附加外部医疗活动条款
华泰财险	口腔医师执业责任保险（期内索赔制）附加条款	附加实习生责任条款 附加护士和医技人员责任条款1 附加护士和医技人员责任条款2 附加急救费用条款 附加医疗意外或并发症责任条款 附加医疗机构责任条款

附加险关系被保险人和保险人的切身利益，应结合主险合同及保险人开设的其他主险产品合理设置。在医师责任保险附加险条款中，有如下问题需要厘清：

（一）附加医疗意外条款

如前所述，医疗意外为不可预料之医疗后果，最后产生的损害都不应归责于医疗机构或医务人员。换言之，医疗机构及医务人员对医疗意外或并发症的发生在主观上无过错。按照医师责任保险机制的构造，保险人仅就被保险人因过错产生的医疗事故承担赔偿责任。故而主险排除了医疗意外或并发症条款存在的可能性。在附加险中设置医疗意外或并发症条款，固然投保人可缴纳相对主险而言较少的保费，但不可否认，这仍是一项额外的经济负担。且附加险的赔偿额度有限，对病患而言，在医师责任保险主险的赔偿额度尚不能满足其诉求的情况下，附加险的赔付无异于杯水车薪。对于此项风险，建议将其纳入患者的医疗保险的保障范围。

大地财险、平安财险和华泰财险将附加医疗意外条款的保险范围限定于四类情形："(1) 在诊疗过程中由于病情或患者体质特殊而发生难以预料、或在预料之中但难以防范的不良后果；(2) 按照正常的技术规范操作，仍然发生难以避免并发症或者治疗意外；(3) 应用现有医学科学技术，仍然发生无法预料或难以防范的不良后果；(4) 在危急情况下为抢救危重患者生命而采取的紧急措施而导致不良后果。"其中，前三类是在诊疗活动的日常过程中产生的无法避免的不良后果，而最后一类情形针对的是危急情况下产生的不良后果。为抢救危重患者生命，医疗机构和医务人员往往为了争取时间而无法依照一般标准程序来降低风险，此时发生医疗意外的几率较平常大为提高。《侵权责任法》第六十条仅规定了医务人员在抢救生命垂危的患者等紧急情况下已经尽到合理诊疗义务的，医疗机构不承担责任。可见，对于在危急情况下为抢救危重患者生命而采取的紧急措施而导致不良后果的情形，仍需区分医务人员主观上是否存在过失，以判断其是否应承担责任。若医务人员未尽到合理诊疗义务，则造成的不良后果不属于医疗意外，达到医疗事故的等级则被纳入医师责任保险的赔付范畴。

(二) 附加医疗机构、实习生、护士、医技人员责任条款

如前所述，在推行医生多点执业和我国医疗体制改革的时代背景下，医疗机构与医师之间的人身隶属关系将逐渐淡化。实际上，独立医师在我国早已出现，且数量在逐年增加。应区分医疗契约中

医疗机构和医务人员发挥的不同作用，进而区分各自在医疗损害中的赔偿责任，通过专门的医疗机构责任保险和医师责任保险予以保障。故在医师责任保险中附加医疗机构责任条款实属不必，仅徒增投保人之经济负担。

实习生在指导医师的指导下从事一定范围的医疗活动，其行为后果由指导医师承担。前文已述，将医师责任保险的承保对象扩展至实习生，有助于提高指导医师的责任心和注意义务，进而保护患者的切身利益，同时，还能有效预防指导医师的道德风险。所以，医师责任保险中已包含实习生责任之内容，不必单列出来作为附加险。

护士、医技人员等也是参与医疗活动的主体。不同于医院的后勤人员等，他们在医疗活动中发挥着重要的作用。但其行为性质、内容不同于执业医师，不能通过医师责任保险规避风险。是否可以针对护士、医技人员单独开设责任保险，可做进一步的市场调研。目前，建议将这部分医务人员划入医疗机构责任保险的承保范围。护士、医技人员的流动性相对于医师而言较小，与所在医疗机构的人身隶属关系更紧密，应由医疗机构责任保险负担相关的损害赔偿。

（三）附加精神损害赔偿责任条款

毫无疑问，医疗行为在造成患者生理上、肌体上的严重损害后，会引发精神上的损害。按照《侵权责任法》第二十二条的规定，患者可以请求精神损害赔偿。在确定医疗行为的精神损害赔偿数额时，通常要考虑诊疗过失、患者自身疾病、特殊体质等多种复杂因素。① 而保险机制与精神损害赔偿却不相匹配。保险人通常借助大数法则来正确预见损失发生额，并根据保险标的损失概率制定保险费率，通过向所有被保险人收取保险费建立保险基金，用于补偿少数被保险人遭受的意外事故损失。由于精神损害赔偿数额难以确定，没有较准确的衡量标准。在保险精算过程中，太多的可变因

① 单国军：《医疗损害》，中国法制出版社 2010 年版，第 203 页。

素会使保险费率缺乏准确性，无法保证保险公司作为金融机构的正常发展。因此，责任保险通常会排除精神损害的赔付。建议医师责任保险的主险和附加险都不应对患者的精神损害赔付。

赞成将精神损害赔偿纳入医师责任保险保障范围的学者通常会建议对精神损害赔偿金额采取最高限额，且这一限额通常以相应的每次事故赔偿限额为基础。① 赞成者认为，该方法能有效限缩精神损害赔偿的范围，便于保险人确定承保范围，进而进行成本核算。但是，在实践中，患者的人身或财产损失并不一定与其精神损失成正比。若主险的成本核算规则不能相应在附加险中体现出来，是否开设此附加险，保险人就要慎之又慎了。这也是为何仅有平安财险一家提供附加精神损害赔偿责任条款的原因。且平安财险进一步将保险人的精神损害赔偿责任的发生条件限定为“因职业过失行为引起意外事故，造成患者人身伤害”，实则又减少了该条款的适用场合，在限额的基础上间接削减了患者获得的保险赔付。另外，在不同的医疗损害中，患者所遭受的精神伤害有可能是一样的。由于主险和附加险的设置规则而使遭受相同伤害的患者获得不同数额的赔付，有违公平正义原则，易受诟病。

第三节 我国医师责任保险合同范本

随着医疗体制改革的深入和医师多点执业改革的开展，传统的医疗责任保险已不能适应社会的需要。医师责任保险和医疗机构责任保险应从医疗责任保险中独立出来，同产品责任保险等典型责任保险一样成为财产保险公司普遍开设的保险产品。上文以中国保险行业协会网站保险产品查询系统提供的 44 家财产保险公司保险条款为研究样本，重点分析了大地财险、平安财险、长安责任、中华联合、华泰财险和民安财险共 6 家保险公司提供的医师责任保险（附加险）条款的不同之处，对医师责任保险条款的结构和内容提

---

① 王川：《国际医师职业责任保险若干法律问题研究》，大连海事大学 2000 年硕士论文，第 27 ~ 28 页。

出若干建议。下文将以大地财险医师职业责任保险（期内索赔制）条款为基础，综合形成医师责任保险条款（范本）①，供各保险公司参考。

医师责任保险条款

总　则

第一条　凡依照中华人民共和国法律（以下简称“依法”）取得执业医师资格或者执业助理医师资格，经注册在合法的医疗、预防、保健机构中执业的医务人员（以下简称“医师”）及在医师指导下见习、实习的医科学生均可作为本保险合同的被保险人。

保险责任

第二条　自保险单载明的追溯日期起至保险期间终止日期止，被保险人在保险区域内的医疗活动中，因过失发生医疗事故或医疗差错，造成患者人身损害，经患者及其代理人在保险期间内首次向被保险人提出索赔，依法应由被保险人承担的民事赔偿责任，保险人按照本保险合同的约定负责赔偿。

第三条　发生保险责任范围的医疗事故或医疗差错后，对于被保险人事先经保险人书面同意而承担的法律费用，包括事故鉴定费、查勘费、取证费、仲裁或诉讼费、案件受理费、律师费等，保险人按照本保险合同的约定也负责赔偿。

第四条　被保险人在保险期间内收到的索赔，在保险期间结束后五日内通知保险人的，视同保险期间内向保险人提出的索赔。

第五条　患者及其代理人在保险期间及扩展报告期内首次向被保险人提出索赔后，就同一件医疗事故或医疗差错向被保险人提出其他索赔的，不论是否在保险期间或扩展报告期内提出，都视同首次向被保险人索赔时提出。

---

① 本范本中，需要核算才能确定的保费等数据均用“＊＊”代替。另外，附加险包括但不限于本范本提供之种类。

责任免除

第六条　由下列原因造成的损失、费用和责任，保险人不负责赔偿：

（一）被保险人或在法律上须由被保险人承担责任的其他人的故意行为、非执业行为；

（二）战争、敌对行为、军事行动、武装冲突、恐怖活动、罢工、骚乱、暴动、盗窃、抢劫；

（三）核反应、核子辐射和放射性污染，但使用放射器材治疗不在此限；

（四）地震、雷击、暴雨、洪水等自然灾害及火灾、爆炸等意外事故。

第七条　由下列情形造成的损失、费用和责任，保险人不负责赔偿：

（一）被保险人不具备执业医师资格或执业助理医师资格；

（二）被保险人从事未经国家医疗监管机构和所在医疗机构等有关部门许可的诊疗护理工作；

（三）不以治疗为目的的诊疗护理活动；

（四）从事医疗美容活动，除非被保险人对患者实施以美容或整形为目的的外科手术或治疗是在患者因意外事故受伤后为维持生命或避免永久性伤残必须进行的；

（五）被保险人被吊销执业许可证或被取消执业资格或受停业、停职处分后仍继续进行诊疗护理工作；

（六）被保险人在酒醉、吸毒、药剂麻醉或精神不正常状态下进行诊疗护理工作；

（七）被保险人在已知的情况下使用伪劣药品、医疗器械或被感染的血液制品；

（八）被保险人使用未经国家有关部门批准使用的药品、消毒药剂和医疗器械，但经国家有关部门批准进行临床实验使用药品、消毒药剂、医疗器械的不在此限；

（九）被保险人在正当的诊断、治疗范围外使用麻醉药品、医疗用毒性药品、精神药品和放射性药品；

（十）患者发生输血感染或其他医源性感染、医疗意外、并发症或其他任何情况，但被保险人对此并无过失；

（十一）被保险人对其他人员导致的医疗事故或医疗差错所承担的责任，除非其他人员为保单明细表上载明的指明被保险人；

（十二）被保险人作为医疗机构的管理人员所承担的医疗责任；

第八条　下列损失、费用和责任，保险人不负责赔偿：

（一）被保险人在从事诊疗护理工作中的人身损害；

（二）罚款或惩罚性赔款；

（三）本保险单明细表或有关条款中规定的应由被保险人自行负担的绝对免赔额；

（四）被保险人与患者及其代理人订立的协议中所约定的责任，但不包括没有该协议被保险人依法仍应承担的民事赔偿责任；

（五）经患者或其近亲属同意，对患者实施实验性诊疗发生的不良后果；

（六）在追溯日期之前或保险期间终止之后所发生的医疗事故或医疗差错。

第九条　其他不属于本保险责任范围内的损失、费用和责任，保险人不负责赔偿。

责任限额

第十条　对于保险责任范围内的每人每次医疗事故或医疗差错，保险人在保险单明细表载明的每人每次事故责任限额和每人每次事故法律费用限额内承担赔偿责任。

第十一条　对于保险责任范围内的所有医疗事故或医疗差错，保险人在保险单明细表载明的每人累计责任限额和每人累计法律费用限额内承担赔偿责任。

第十二条　第十条、第十一条约定的限额适用于保险期间内的保险责任，并分别适用于每一指明被保险人，但所有指明被保险人的责任限额并不因此累加。

如果一次医疗事故或医疗差错涉及保单明细表上载明的多位医

师的执业责任，则适用其中责任限额最高的一位医师的责任限额。

第十三条 保险人按照被保险人等级，参照费率表确定具体适用的费率，以赔偿限额乘以费率计算出被保险人应交纳的保险费。

保险期间

第十四条 除另有约定外，本保险合同的保险期间为一年，自保险单约定的保险起始日零时起至保险到期日二十四时止。

如果被保险人在本保险项下得以连续承保，保险人对所承保的医疗责任提供最长不超过五年的追溯期。

保险人义务

第十五条 订立本保险合同时，采用保险人提供的格式条款的，保险人向投保人提供的投保单应当附格式条款，保险人应当向投保人说明本保险合同的内容。对本保险合同中免除保险人责任的条款，保险人在订立合同时应当在投保单、保险单或者其他保险凭证上作出足以引起投保人注意的提示，并对该条款的内容以书面或者口头形式向投保人作出明确说明；未作提示或者明确说明的，该条款不产生效力。

第十六条 本保险合同成立后，保险人应当及时向投保人签发保险单或其他保险凭证。

第十七条 保险人按照第三十三条的约定，认为被保险人提供的有关索赔的证明和资料不完整的，应当及时一次性通知投保人、被保险人补充提供。

第十八条 保险人收到被保险人的赔偿保险金的请求后，应当及时作出是否属于保险责任的核定；情形复杂的，应当在三十日内作出核定，但本保险合同另有约定的除外。

保险人应当将核定结果通知被保险人；对属于保险责任的，在与被保险人达成赔偿保险金的协议后十日内，履行赔偿保险金义务。本保险合同对赔偿保险金的期限有约定的，保险人应当按照约定履行赔偿保险金的义务。保险人依照前款的规定作出核定后，对不属于保险责任的，应当自作出核定之日起三日内向被保险人发出拒绝赔偿保险金通知书，并说明理由。

第十九条　保险人自收到赔偿保险金的请求和有关证明、资料之日起六十日内，对其赔偿保险金的数额不能确定的，应当根据已有证明和资料可以确定的数额先予支付；保险人最终确定赔偿的数额后，应当支付相应的差额。

投保人、被保险人义务

第二十条　投保人应履行如实告知义务，提供投保医务人员名单，并回答保险人就有关情况提出的询问。

投保人故意或者因重大过失未履行前款规定的如实告知义务，足以影响保险人决定是否同意承保或者提高保险费率的，保险人有权解除保险合同。

前款规定的合同解除权，自保险人知道有解除事由之日起，超过三十日不行使而消灭。自合同成立之日起超过二年的，保险人不得解除合同；发生保险事故的，保险人应当承担赔偿保险金的责任。

投保人故意不履行如实告知义务的，保险人对于合同解除前发生的保险事故，不承担赔偿保险金的责任，并不退还保险费。

投保人因重大过失未履行如实告知义务，对保险事故的发生有严重影响的，保险人对于合同解除前发生的保险事故，不承担赔偿保险金的责任，但应当退还保险费。

保险人在合同订立时已经知道投保人未如实告知的情况的，保险人不得解除合同；发生保险事故的，保险人应当承担赔偿保险金的责任。

第二十一条　除另有约定外，投保人应当在保险合同成立时交付保险费。

投保人未按约定及时足额交付保险费的，保险人有权解除本保险合同，保险合同自保险人解除本保险合同的书面通知送达投保人时解除，保险人有权向投保人收取自保险责任开始之日起至本保险合同解除之日止期间的保险费。保险人对于合同解除前发生的保险事故，按照保险事故发生时投保人已交保险费与本保险合同约定应交保险费的比例承担赔偿保险金的责任。

第二十二条　在本保险期间内，被保险人的风险状况及保险单明细表中列明的事项发生变化时，被保险人应当及时书面通知保险人，经与保险人协商一致后，变更保险合同有关内容。被保险人的风险程度增加的，保险人有权要求增加保险费或解除保险合同。

第二十三条　被保险人在诊疗护理活动中，应该遵守《医疗机构管理条例》、《医疗机构管理条例实施细则》、《医疗事故处理条例》、《中华人民共和国医师法》等相关的医疗卫生管理法律、行政法规、部门规章和诊疗护理规范、常规，恪守医疗服务职业道德，采取合理的预防措施，避免保险责任范围内事故的发生。

被保险人及其医务人员违法开展诊疗护理活动的，保险人有权解除本保险合同。

第二十四条　发生本保险责任范围内的事故时，被保险人应当立即采取有效措施，避免或减轻对患者身体健康的损害，防止损害扩大；并立即通知保险人，书面说明事故的性质、原因、经过和造成的损失程度。

被保险人未尽前款约定的义务，导致损害扩大或损失无法核定的，保险人对损害扩大和损失无法核定的部分不承担赔偿责任。

第二十五条　发生保险责任范围内的事故后，被保险人应按照规定向有关部门报告，并按照规定的程序申请或进行调查、分析、鉴定。被保险人应妥善保管有关的原始资料，并对引起不良后果的药品、医疗器械等现场实物按照有关规定进行封存并妥善保管，以备查验。

被保险人未尽前款约定的义务，导致事故的性质、原因无法查清和确定的，保险人对无法确定的部分不承担赔偿责任。

第二十六条　发生保险责任范围内的事故后，被保险人获悉医疗事故或医疗差错的发生可能导致患者及其代理人向其提出索赔或可能引起诉讼、仲裁，或接到法院传票或其他法律文书，应立即以书面形式通知保险人；保险人有权根据需要，以被保险人的名义参加协商、谈判、诉讼、仲裁，被保险人应当积极配合协助。由于被保险人未及时通知，造成本可以避免的损失的，保险人对该损失不负责赔偿。

被保险人未尽前款约定的义务的，保险人有权解除本保险合同。

第二十七条 保险人对被保险人的专业资格、使用药品和医疗器械及其他各项医疗条件进行合理查验时，被保险人应积极协助并提供保险人需要的用以评估有关风险的详情和资料。但上述查验并不构成保险人对被保险人的任何承诺。保险人对发现的任何缺陷或危险书面通知被保险人后，被保险人应及时采取整改措施。

被保险人未尽前款约定的义务的，保险人有权解除保险合同。

第二十八条 保险人按照第二十条、第二十一条、第二十二条、第二十三条、第二十六条、第二十七条的约定解除本保险合同的，本保险合同自书面解约通知送达投保人时解除。

赔偿处理

第二十九条 保险人接到被保险人的索赔申请后，有权聘请专业技术人员参与调查、处理。

第三十条 被保险人收到损害赔偿请求时，应立即通知保险人。未经保险人书面同意，被保险人对受害人及其代理人作出的任何承诺、拒绝、出价、约定、付款或赔偿，保险人不受其约束。对于被保险人自行承诺或支付的赔偿金额，保险人有权重新核定，不属于本保险责任范围或超出应赔偿限额的，保险人不承担赔偿责任。在处理索赔过程中，保险人有权自行处理由其承担最终赔偿责任的任何索赔案件，被保险人有义务向保险人提供其所能提供的资料和协助。

第三十一条 对保险责任范围内的每人每次医疗事故或医疗差错，保险人的赔偿金额按照经患者及其代理人与被保险人及保险人共同协商确定或经法院、仲裁机构或卫生行政部门依法判决、裁决、裁定或调解确定的应由被保险人偿付的金额扣除绝对免赔额的方式计算，但赔偿金额不得超过保险单明细表中载明的每人每次事故责任限额。其中，对于被保险人依法承担的精神损害赔偿责任，保险人的赔偿金额最高以保险单明细表中载明的每次事故责任限额的15%为限。

每次医疗事故或医疗差错的绝对免赔额为赔偿金额的5%或1000元，两者以高者为准。

就保险责任范围内的所有医疗事故或医疗差错，保险人对被保险人的总赔偿金额不得超过保险单明细表中载明的每人累计责任限额。

第三十二条　保险人对保险责任范围内的每人每次医疗事故或医疗差错的法律费用赔偿金额，按照被保险人事先经保险人书面同意后实际支付的金额计算，但赔偿金额不得超过保险单明细表中载明的每人每次事故法律费用限额。

就保险责任范围内的所有医疗事故或医疗差错，保险人对被保险人的每人法律费用总赔偿金额不得超过保险单明细表中载明的每人累计法律费用限额。

第三十三条　在保险期间内，保险人对被保险人历次索赔的总赔偿金额达到保险单明细表中载明的每人累计责任限额时，保险责任终止。

第三十四条　被保险人向保险人申请赔偿时，应提交下列单证材料：

（一）保险单正本；

（二）被保险人医师资格、执业证明的有效复印件；

（三）患者完整的病例资料：患者伤残的，应提供权威部门出具的伤残程度证明；患者死亡的，应提供死亡证明书；

（四）患者的书面索赔申请；

（五）事故情况说明、赔偿项目清单；

（六）经国家批准或认可的医疗事故或医疗差错技术鉴定机构进行鉴定的，应提供医疗事故或医疗差错技术鉴定书；经法院、仲裁机构或卫生行政部门依法判决、裁决、裁定或调解的，应提供判决、裁决、裁定文件或调解书；

（七）依法应由被保险人承担的有关费用的证明材料以及保险人认为必要的其他单证材料。

第三十五条　发生本保险责任范围内的事故，应由第三方

（保单明细表上载明的所有指明被保险人除外）负责赔偿的，被保险人应行使或保留行使向该责任方请求赔偿的权利。保险人自向被保险人赔付之日起，取得在赔偿金额范围内代位行使被保险人向第三方请求赔偿的权利。在保险人向第三方行使代位请求赔偿的权利时，被保险人应积极协助，并提供必要的文件和所知道的有关情况。

第三十六条　未经保险人书面同意，被保险人放弃对第三方的请求赔偿权利的，保险人不承担赔偿责任。

第三十七条　本保险单负责赔偿损失、费用或责任时，若被保险人另有对其承担相同或类似保险责任的其他有效保险（以下简称“其他保险”）存在，不论是否由被保险人或他人以其名义投保，也不论该保险赔偿与否，保险人仅负责按本保险相应责任限额占本保险和所有其他保险累计相应责任限额的比例分摊赔偿责任。对应由其他保险人承担的赔偿责任，本保险人不负责垫付。

争议处理和法律适用

第三十八条　因履行本保险合同发生的争议，由当事人协商解决。协商不成的，提交保险单载明的仲裁机构仲裁；保险单未载明仲裁机构且争议发生后未达成仲裁协议的，依法向中华人民共和国人民法院起诉。

本保险合同的争议处理适用中华人民共和国法律（不包括港澳台地区法律）。

其他事项

第三十九条　保险合同成立后，投保人可随时书面通知解除本保险合同，本保险合同自解约通知送达保险人之日起解除。

保险责任开始前，投保人要求解除保险合同的，应按保险费的5%向保险人支付手续费，保险人应退还剩余保险费；保险责任开始后，投保人要求解除合同的，自解约通知到达保险人之日起，保险合同解除，保险人按短期月费率收取自保险责任开始之日起至合同解除之日止期间的保险费，并退还剩余部分保险费。

除本保险合同另有约定外，保险人也可提前三十日向投保人发出解约通知书解除本保险合同，按日平均计收自保险责任开始之日起至本保险合同解除之日止期间的保险费，并退还剩余部分保险费。

释　义

第四十条　本合同中有关专业术语的定义如下：

（一）被保险人

本保险的被保险人包括：

1. 保单明细表上载明的所有指明被保险人；

2. 如果被保险人死亡或者被裁定失去行为能力，保单对于该被保险人的责任终止，但是本保险将对被保险人的法定代表就所承保的医疗事故或医疗差错承担赔偿责任。

（二）被保险人等级

甲类：大内科（心血管内科、呼吸内科、消化内科、血液内科、免疫内科、内分泌科、肾内科、感染内科、肿瘤内科、神经内科、普通内科、内科 ICU、心理医学科）；体检中心；设备科

乙类：五官科（耳鼻喉科、口腔科、皮肤科、眼科）；中医科（中医内科、中医外科）；医技科（检验科、放射科、核医学科、理疗科、放疗科、病理科、超声诊断科、输血科）；

丙类：大外科（基本外科、心胸外科、心脏外科、泌尿外科、骨科、神经外科、血管外科、乳腺疾病科、外科 ICU、麻醉科、胰腺外科、肠外肠内营养科、肝脏外科、烧伤整形、微创、传染科、手术室）；妇儿科（妇科、产科、儿科）

（三）追溯日期

指由投保人与保险人约定并在保险单中载明的，为确定保险人所承保的被保险人的医疗过失行为发生的最早日期。保险人对被保险人在该日期起至保险期间终止日期止的执业过失行为承担赔偿责任。

（四）扩展报告期

1. 如果保险人在保险期间解除本保险合同或保险人拒绝续保

的，投保人有权购买扩展报告期保障。保险人提供的与已届满的保险合同不同的续保条款、条件、责任限额或保险费等内容变更并不构成拒绝续保的要件。

投保人购买扩展报告期保障的，应在保险合同效力终止日期后七日内向保险人书面提出购买扩展报告期保障的要求，并按约定的时间额外支付保险人要求的保费。投保人未在上述期限内提出要求或未按时支付额外保费的，视为投保人放弃此项权利。

2. 自本保险合同载明的追溯日期起至保险合同终止之前发生的医疗事故或医疗差错，首次向被保险人或被保险人所在的医疗机构索赔的时间以及被保险人首次向保险人通知的时间可延长至扩展报告期。扩展报告期从保险合同终止之日开始。它不扩展保险期间，也不改变保险责任。

3. 保险合同列明的每人责任限额、每次事故责任限额和累计责任限额适用于扩展报告期。扩展报告期不恢复或增加各项责任限额。

4. 对扩展报告期内提出的索赔，若被保险人另有其他保险的，保险人仅承担超过任何其他有效且可获理赔的保险赔偿金额以上的损失金额。

5. 投保人解除本保险合同的，无权购买扩展报告期保障，保险人不提供扩展报告期保障。

（五）保险区域

保险区域范围包括：

1. 中华人民共和国境内（不包括港、澳、台地区）；

2. 除了中华人民共和国境内的其他国家和地区，但是被保险人必须为经人民法院根据中国法律判决或经保险人同意接受的医疗事故或医疗差错损害赔偿承担责任。

（六）医疗事故

指被保险人及其医务人员在医疗活动中，违反医疗卫生管理法律、法规、部门规章和诊疗护理规范、常规，过失造成患者明显人身损害以上的严重程度的情况。

（七）医疗差错

指被保险人及其医务人员在医疗活动中，违反医疗卫生管理法律、法规、部门规章和诊疗护理规范、常规，过失导致的患者人身损害，但未达到明显人身损害程度的情况。

（八）首次向被保险人提出索赔

以下先发生者被认为是首次向被保险人提出索赔：

1. 被保险人收到索赔通知并以书面方式报告保险人；

2. 患者及其代理人直接以书面方式向保险人提出索赔。

（九）医源性感染

指在医疗机构中获得的感染，如某病人进入某个医院或其他卫生保健机构时未患某病也不处于该病的潜伏期，但却在该院或机构中新感染了这种疾病，即为医源性感染。

（十）指明被保险人

指在保险单明细表上载明的所有被保险人，同样受本保险单的保障，享有相同的权利，承担相同的义务；如果保单明细表上载明的医师超过一个以上时，每个医师都有各自的责任限额，保险人在限额内分别承担对每个医师的赔偿责任。

保单明细表上载明的责任限额，分别适用每一指明被保险人（不包含已有各自责任限额的被保险医师），但不累加；由保险单明细表上载明的第一指明被保险人负责缴纳保险费；保险人对第一指明被保险人的赔偿将解除其对其他指明被保险人的赔偿责任；保险人向第一指明被保险人的解约通知或其他任何通知，视为向所有指明被保险人发出的通知。

（十一）医疗意外、并发症

医疗意外：指由于无法抗拒的原因，使病人出现难以预料、防范的不良后果，不属于医务人员的过失。

并发症：指在诊疗护理过程中，患者的疾病在发展过程中自然引起的另一种疾病和症状，这是现代医学科学技术能够遇见但却不能避免和防范的不良后果，它与医务人员是否存在医疗过失无直接因果关系。

（十二）每人每次事故责任限额

指不论索赔案件数量和索赔人数量是多少，每位被保险医师在发生每次医疗事故或医疗差错时的最高赔偿金额。

（十三）追溯期

指在不间断承保（不限于本公司）的情况下，保险人在签发当年保单时，扩展承保被保险人在先前保单项下的医疗责任的期间。每一年份保单的追溯期最长不超过五年，也就是说，第一年保单项下的保险责任在此后的保单中连续扩展承保五年，连续承保第六年时，第一年保单项下的保险责任自动终止。其他年份保单扩展承保的时间依此类推。如果被保险人中途脱保，追溯期终止。

（十四）绝对免赔额

指在发生每次医疗事故或医疗差错的情况下，被保险人必须自行承担的损失金额。保险人在扣除该损失金额后才负责赔偿其超过部分的损失。

（十五）超额保障

当存在重复保险时，保险人仅对超过以下金额部分的损失提供保障：

（1）在不存在本保险的情况下，其他保险应当支付的赔付总额；

（2）所有其他保险项下的总免赔额和自负额之和。

扩展保护期费率表

扩展保护期（年）	1	2	3	4	5
百分比（%）	**	**	**	**	**

短期费率表

保险期间（个月）	1	2	3	4	5	6	7	8	9	10	11	12
百分比（%）	10	20	30	40	50	60	70	80	85	90	95	100

医师责任保险附加险条款

一、附加外部医疗活动条款

总　　则

第一条　本保险是医师责任险（以下简称主险）的附加险。只有在投保主险后才可投保本附加险。若主险条款与本附加险条款互有冲突，以本附加险条款为准。本附加险条款未尽事宜，以主险条款为准。

保 险 责 任

第二条　自本保险单列明的追溯日开始至保险期间终止日止的期间内，被保险人在所在医疗机构以外的其他机构从事与被保险人资格相符的医疗活动中，因过失引起医疗事故或医疗差错，造成患者人身伤害，患者或其代理人在保险期间内首次向被保险人或者其他机构提出索赔的，对于依法应由被保险人承担的经济赔偿责任以及合理必要的法律费用，保险人根据本保险合同的约定承担赔偿责任。

保险人不负责赔偿依法应由其他相关责任方承担的赔偿责任。

主险下的各项赔偿限额、免赔额不变。

二、附加输血责任保险条款

总　　则

第一条　本保险是医师责任险（以下简称主险）的附加险。只有在投保主险后才可投保本附加险。若主险条款与本附加险条款互有冲突，以本附加险条款为准。本附加险条款未尽事宜，以主险条款为准。

保 险 责 任

第二条　自本保险单列明的追溯日开始至保险期间终止日止的期间内，被保险人向用血者输血，由于以下原因造成用血者人身损害，包括感染甲肝、乙肝、丙肝、梅毒、艾滋病以及其他经血液传播的传染性疾病，依法应由被保险人承担的民事赔偿责任，保险人根据本保险合同的约定负责赔偿：

（一）被保险人提供的血液不符合国家规定的标准；

（二）血型鉴定或标注错误；

（三）被保险人提供的临床使用的血液未测出献血者感染有上述五种传染性疾病及其他血液传播的疾病的窗口期及潜伏期。

“窗口期”指当献血者感染病毒而尚未发病，处于潜伏期时，血液已处于病毒血症但无临床症状，且查不到该病毒抗体的这段时间。

发生保险事故后，被保险人事先经保险人书面同意而承担的法律费用，保险人在保险单明细表列明的限额内也负责赔偿。但对于非由保险事故所产生的上述费用，保险人不负责赔偿。

责任免除

第三条　下列原因造成的损失、费用和责任保险人不负责赔偿：

（一）被保险人及其代表的故意行为；

（二）用血者在输血之前已患有甲肝、乙肝、丙肝、梅毒、艾滋病以及其他经血液传播的传染性疾病或相关指标（病毒、抗原或抗体）呈阳性。

赔偿限额、免赔额和附加保险费

第四条　本附加险的每次医疗事故或医疗差错法律费用限额和累计法律费用限额以保险单明细表列明的为准。

本附加险的免赔额按每次医疗事故或医疗差错责任限额的 5% 或 1000 元计，两者以高者为准。

本附加险的保险费按照费率规章的标准收取。

参考文献

一、中文类

(一) 专著

1. 曾世雄:《损害赔偿法原理》,中国政法大学出版社 2001 年版。

2. 黄茂荣:《债法总论(第二册)》,中国政法大学出版社 2002 年版。

3. 邹海林:《保险法教程》,首都经济贸易大学出版社 2002 年版。

4. 梁宇贤:《保险法新论(修订新版)》,中国人民大学出版社 2003 年版。

5. 张赞宁:《医事法学研究及典型案例评析》,东南大学出版社 2003 年版。

6. 江朝国:《强制汽车责任保险法》,中国政法大学出版社 2003 年版。

7. 邹海林:《社会保险改革与法制发展》,社会科学文献出版社 2005 年版。

8. 江毅:《医疗损害民事责任研究》,中国医药科技出版社 2007 年版。

9. 夏芸:《医疗事故赔偿法——来自日本法的启示》,法律出版社 2007 年版。

10. 程啸:《新版以案说法:医疗纠纷篇》,中国人民大学出版社 2007 年版。

11. 谭湘渝:《医疗责任保险研究》,上海财经大学出版社

2008 年版。

12. 刘宗荣：《新保险法：保险契约法的理论与实务》，中国人民大学出版社 2008 年版。

13. 冯文丽：《农业保险理论与实践研究》，中国农业出版社 2008 年版。

14. 杨立新：《医疗损害责任研究》，法律出版社 2009 年版。

15. 曾言、李祖全：《医疗责任强制保险制度研究》，湖南师范大学出版社 2009 年版。

16. 王泽鉴：《民法学说与判例研究（第二册）》，北京大学出版社 2009 年版。

17. 郭锋、杨华柏、胡晓珂、陈飞：《强制保险立法研究》，人民法院出版社 2009 年版。

18. 张长利：《政策性农业保险法律问题研究》，中国政法大学出版社 2009 年版。

19. 黄英君：《中国农业保险发展机制研究：经验借鉴与框架设计》，中国金融出版社 2009 年版。

20. 单国军：《医疗损害》，中国法制出版社 2010 年版。

21. 吴春岐、王维嘉：《医务人员侵权风险防范与救济》，中国法制出版社 2010 年版。

22. 吴春岐、黄晓燕：《医师侵权责任：法律适用与案例评析》，知识产权出版社 2010 年版。

23. 文才：《论完善我国责任保险法律制度——兼论责任保险对侵权行为法的影响》，西南交通大学出版社 2010 年版。

24. 孙祁祥、郑伟：《商业健康保险与中国医改——理论探讨、国际借鉴与战略构想》，经济科学出版社 2010 年版。

25. 强美英：《医疗损害赔偿责任分担研究》，知识产权出版社 2010 年版。

26. 国锋：《医疗保险中的道德风险》，上海社会科学院出版社 2010 年版。

27. 朱柏松、詹森林、张新宝、陈忠五、陈聪富：《医疗过失举证责任之比较》，华中科技大学出版社 2010 年版。

28. 厦门理工学院、深圳大华联合保险经纪有限公司编著:《美国商业普通责任保险》,中国金融出版社2010年版。

29. 刘士国:《医事法前沿问题研究》,中国法制出版社2011年版。

30. 石悦:《医疗侵权法》,北京师范大学出版社2011年版。

31. 王岳、邓虹:《外国医事法研究》,法律出版社2011年版。

32. 徐正东、刘博:《医事争议处理法学》,四川大学出版社2011年版。

33. 刘京生:《中国健康保险发展研究》,中国社会科学出版社2011年版。

34. 徐正东、刘博:《医事法学》,四川大学出版社2011年版。

35. 黄英君:《机制设计与发展创新:破解中国农业保险困局》,商务印书馆2011年版。

36. 赵敏:《医疗法律风险预防与处理》,浙江工商大学出版社2012年版。

37. 黄丁全:《医事法新论》,法律出版社2012年版。

38. 贾林青、冷尚鸿、郭春海:《海商法保险法评论(第五卷):责任保险在我国的适用与发展暨食品安全责任保险研讨会专辑》,知识产权出版社2012年版。

39. 任元鹏:《医学的法律边界》,东南大学出版社2012年版。

40. 蒲川:《医疗纠纷非诉讼处理机制研究》,西南师范大学出版社2012年版。

41. 姜凤武:《医疗损害责任制度比较研究》,法律出版社2013年版。

42. 陈一凡:《医患关系法律分析》,人民法院出版社2013年版。

43. 张新生:《我国涉农保险优化发展法律制度研究》,经济科学出版社2013年版。

44. 马巾英、康新:《中国农业保险经营模式选择及发展构想》,北京理工大学出版社2013年版。

（二）译著

1. ［日］植木哲：《医疗法律学》，冷罗生、陶芸、江涛等译，法律出版社 2006 年版。

2. ［澳］彼得·凯恩：《阿蒂亚论事故、赔偿及法律（第六版）》，王仰光、朱呈义、陈龙业、吕杰译，中国人民大学出版社 2008 年版。

3. ［美］亨德森：《健康经济学（第二版）》，向运华、钟建威、季华璐等译，人民邮电出版社 2008 年版。

4. ［德］舍费尔、［德］奥特：《民法的经济分析》，王清云、杜涛译，法律出版社 2009 年版。

5. ［荷］富尔、［奥］考茨欧：《医疗事故侵权案例比较研究》，丁道勤、杨秀英译，中国法制出版社 2012 年版。

6. ［奥］奥利芬特：《损害的合并与分割》，周学峰、王玉花译，中国法制出版社 2012 年版。

7. ［英］马克·施陶赫：《英国与德国的医疗过失法比较研究》，唐超译，法律出版社 2012 年版。

8. ［德］瓦格纳：《比较法视野下的侵权法与责任保险》，魏磊杰、王之洲、朱淼译，中国法制出版社 2012 年版。

9. ［英］珍妮·斯蒂尔：《风险与法律理论》，韩永强译，中国政法大学出版社 2012 年版。

10. ［荷］范博姆、［荷］富尔：《在私法体系与公法体系之间的赔偿转移》，黄本莲译，中国法制出版社 2012 年版。

11. ［德］马格努斯：《社会保障法对侵权法的影响》，李威娜译，中国法制出版社 2012 年版。

12. ［德］瓦格纳：《损害赔偿法的未来——商业化、惩罚性赔偿、集体性损害》，王程芳译，中国法制出版社 2012 年版。

（三）期刊论文

1. 钱政铭：《医疗行为适用无过失责任之研究》，《大仁学报》1999 年第 17 期。

2. 田雨、杨永发、施宇箭：《医疗责任保险实务之法律研究》，《保险研究》2000 年第 5 期。

3. 陈玉玲：《强制责任保险：我国医疗责任险发展取向》，《上海金融》2002 年第 1 期。

4. 胡海滨：《对医疗责任保险的分析与建议》，《保险研究》2002 年第 8 期。

5. 郭丽军：《论医疗保险的发展》，《保险研究》2002 年第 10 期。

6. 吴占权、戴建兵：《医疗责任保险的发展现状分析》，《河北经贸大学学报（综合版）》2003 年第 2 期。

7. 张滨、陈志兴、李国红等：《医疗机构、医务工作者职业保险研究》，《中国医学伦理学》2003 年第 2 期。

8. 郭文臣：《医疗保险责任主体与相关主体之间的矛盾协调》，《大连理工大学学报（社会科学版）》2003 年第 4 期。

9. 曹清华、陈世伟：《中美医疗责任保险比较》，《周口师范学院学报》2003 年第 6 期。

10. 韦松：《论医疗责任保险的发展》，《保险研究》2003 年第 7 期。

11. 戴庆康：《英国医生互助性责任保险述评》，《南京医科大学学报（社会科学版）》2003 年第 10 期。

12. 陈玉玲：《海峡两岸医疗责任保险合同的比较研究》，《中国医院管理》2004 年第 1 期。

13. 袁晓晶、骆绪刚：《医疗责任保险及其法律问题研究》，《兰州学刊》2004 年第 2 期。

14. 沈思言：《解决医疗纠纷新途径探析：医师责任保险》，《中国卫生法制》2004 年第 4 期。

15. 白鹤举、李春荣：《我国推广医疗责任保险的障碍性因素分析》，《承德医学院学报》2005 年第 2 期。

16. 苏文斌、陈淑妙、夏光华：《无过失责任保险与侵权行为损害赔偿社会化竞合之研究》，《兴国学报》2005 年第 4 期。

17. 李建光：《论强制性医疗损害赔偿保险制度的建立》，《法律与医学杂志》2005年第4期。

18. 李国炜：《中美医疗责任保险之比较研究》，《医学与哲学》2005年第4期。

19. 李成修、丁伟芳、尹爱田等：《医疗责任保险的潜在缺陷与发展建议》，《中华医院管理杂志》2005年第9期。

20. 刘康复：《论我国的医疗责任保险模式》，《社会科学论坛》2005年第10期。

21. 李国炜：《相互保险：我国医疗责任保险的发展取向——美国医疗责任相互保险公司的启示》，《法律与医学杂志》2006年第1期。

22. 李宇阳、岑美先、柳鑫、陆建康：《杭州市实施医疗责任保险的实践》，《中国卫生事业管理》2006年第2期。

23. 邓兴宇、雷晓坤：《医疗责任保险的功能分析与评价》，《湖北民族学院学报·医学版》2006年第3期。

24. 乔世明：《我国医疗责任保险模式之探讨》，《中南民族大学学报（人文社会科学版）》2006年第3期。

25. 刘锐：《强制责任保险与无过失保险可否兼容？——台湾的经验与大陆的教训》，《中央财经大学学报》2006年第7期。

26. 薛天婴：《从PICC医疗责任保险条款看我国医疗责任保险制度》，《临床误诊误治》2006年第9期。

27. 郜玉珍、高凌：《我国医疗职业责任保险的现状及展望》，《中国护理管理》2006年第10期。

28. 张音、刘刚、田桦等：《云南省医疗执业责任保险回顾分析》，《中国医院统计》2007年第2期。

29. 范贞：《医疗责任保险的思考》，《法律与医学杂志》2007年第3期。

30. 冯华楠：《我国医疗责任保险的现状及发展展望》，《沈阳工程学院学报（社会科学版）》2007年第3期。

31. 龚赛红、刘方、陈方等：《在我国建立医疗责任保险的备选模式》，《中国医院》2007年第9期。

32. 张丽卿：《医疗纠纷鉴定与对质诘问权》，《东吴法律学报》2008 年第 2 期。

33. 王琬：《医疗责任保险需求分析》，《湖北社会科学》2008 年第 11 期。

34. 李志峰：《长尾责任——论美国责任保险保单形式的演变、争议及我国责任保险保单之特色》，《保险专刊》2009 年第 1 期。

35. 陈瑶：《关于我国医疗责任保险的几点思考》，《福建医科大学学报（社会科学版）》2009 年第 1 期。

36. 陈瑶、夏兴林、赵曙：《我国医疗责任保险现状、原因及对策》，《贵州大学学报（社会科学版）》2009 年第 2 期。

37. 张永起、李新光：《我国医疗责任保险的现状与对策建议》，《长春理工大学学报（高教版）》2009 年第 7 期。

38. 丁凤楚、赵清明：《论强制保险人介入医患纠纷处理制度》，《河北法学》2009 年第 10 期。

39. 陈俞沛：《医疗纠纷与医师业务责任保险》，《台湾法学杂志》2009 年第 23 期。

40. 陈英淙：《探讨医疗行为之客观注意义务》，《长庚人文社会学报》2010 年第 1 期。

41. 毛翀：《对建立强制医疗责任保险制度的思考》，《内江科技》2010 年第 1 期。

42. 刘鑫、杨鑫鑫：《医疗损害责任立法若干问题思考》，《中国司法鉴定》2010 年第 2 期。

43. 王龙玉、翁里：《美国医疗事故保险法律制度改革》，《科技与法律》2010 年第 4 期。

44. 张金坚、林子仪、林明灿等：《外科新医疗科技及医疗风险的管理与伦理探讨》，《澄清医护管理杂志》2010 年第 3 期。

45. 罗熙、何国强：《论医疗责任保险——从法律经济学的角度切入》，《政法学刊》2010 年第 3 期。

46. 李悦辉、姜柏生：《医疗责任保险发展阻滞的原因及对策分析》，《南京医科大学学报（社会科学版）》2011 年第 1 期。

47. 林建智、李志峰：《论责任保险人之抗辩义务——以美国发展为重心》，《东吴法律学报》2011 年第 2 期。

48. 翟宏丽：《域外医疗责任保险的经营模式与我国的策略》，《法制与经济》2011 年第 5 期。

49. 魏建、王峻峰：《医疗损害责任制度的效率分析》，《法学杂志》2011 年第 7 期。

50. 翟宏丽：《域外医疗责任强制保险的经验与我国的策略》，《法制与经济》2011 年第 9 期。

51. 廖晨歌：《论我国强制医疗责任保险立法的必要性》，《中国卫生事业管理》2011 年第 10 期。

52. 吴海波、江乐盛：《医疗责任保险实施模式创新研究》，《中国卫生事业管理》2012 年第 1 期。

53. 吴海波：《构建政策性医疗责任保险的可行性研究》，《南京中医药大学学报（社会科学版）》2012 年第 2 期。

54. 刘峻：《下一步，强制医责险？》，《中国卫生人才》2012 年第 5 期。

55. 范立荔：《医疗责任强制保险探究》，《哈尔滨学院学报》2012 年第 6 期。

56. 王丽芝、吕群蓉：《医疗责任保险推行现状与推广对策探讨》，《中国卫生事业管理》2012 年第 8 期。

57. 孙书阁、杨琳：《论中国医疗责任保险的法律类型重构》，《经济研究学刊》2012 年第 17 期。

（四）学位论文

1. 唐松青：《职业责任保险法律问题研究》，武汉大学 2007 年博士学位论文。

2. 高添富：《解决医疗纠纷民事责任之保险与法律制度》，台湾政治大学 2009 年博士学位论文。

3. 王英：《我国医疗保险制度改革的经济学分析》，复旦大学 2010 年博士学位论文。

4. 梁研：《医疗责任保险法律制度研究》，吉林大学 2010 年博士学位论文。

5. 王川：《国际医师执业责任保险若干法律问题研究》，大连海事大学 2000 年硕士学位论文。

6. 郭惠旻:《医疗机构医病争议调处经验之质性研究——以台南地区为例》，台湾高雄医学大学 2002 年硕士论文。

7. 林明泉:《台湾地区外科手术医疗纠纷之研究——以医病关系为例》，台湾师范大学 2002 年硕士学位论文。

8. 高添富:《医师责任与保险法制之研究》，台湾政治大学 2002 年硕士学位论文。

9. 蔡永祥:《医疗行为过失推定立法可行性之探讨——兼论因果关系举证责任分配》，台湾成功大学 2003 年硕士学位论文。

10. 叶婉茹:《从补偿制度与保险制度论医疗损害之填补》，台湾成功大学 2004 年硕士学位论文。

11. 曹霏:《医师职业责任保险若干法律问题研究》，吉林大学 2004 年硕士学位论文。

12. 叶国基:《两岸医疗纠纷争议处理机制与实践比较研究》，台湾海洋大学 2005 年硕士学位论文。

13. 陈文袖:《论强制医师专业责任保险——以医疗事故受害人之损害填补为中心》，台湾东吴大学 2005 年硕士学位论文。

14. 廖建瑜:《论医师之说明义务》，台湾成功大学 2005 年硕士学位论文。

15. 沈思言:《医师专家责任保险研究》，山东大学 2005 年硕士学位论文。

16. 林玉珮:《两岸医事责任法制之比较研究——以医师民事责任程序中之举证责任分配为中心》，台湾东吴大学 2006 年硕士学位论文。

17. 李美玉:《我国医疗纠纷处理法规范之研究》，台湾中正大学 2006 年硕士学位论文。

18. 林义城:《从各国医疗法律责任规范论我国建立医师医疗责任险法制化》，台湾东海大学 2006 年硕士学位论文。

19. 邱琪雯:《医师告知义务法律责任之再研究——以是否负刑事责任为中心》，台湾中原大学 2006 年硕士学位论文。

20. 张柏渊:《医疗诉讼中“因果关系”至“机会丧失”之演

变》，台湾政治大学 2006 年硕士学位论文。

21. 陈嘉辉：《医疗伤害保险：借由保险机制达到医生与病人双赢的制度安排》，台湾政治大学 2006 年硕士学位论文。

22. 姚棋馨：《责任保险索赔制之辨正与实务运用之研究》，台湾淡江大学 2006 年硕士学位论文。

23. 朱晓娟：《医疗事故之医师责任风险分化机制之研究》，台湾东吴大学 2007 年硕士学位论文。

24. 王惟琪：《医师专业赔偿责任保险——兼论采行日本医师会医师赔偿责任保险之可行性》，台湾大学 2007 年硕士学位论文。

25. 陈自治：《专属保险机制运用在医师责任险上相关问题之探讨》，台湾成功大学 2007 年硕士学位论文。

26. 李伯璋：《以临床医师的角度探讨医疗纷争解决机制》，台湾成功大学 2008 年硕士学位论文。

27. 谢子建：《论建立合理解决医疗纠纷机制——以强制医师责任险为中心》，台湾东吴大学 2009 年硕士学位论文。

28. 杨仕屹：《医师说明义务——理想与现实之间》，台湾政治大学 2009 年硕士学位论文。

29. 王瑄：《医疗纠纷之风险管理策略及其法律问题之探讨》，台湾政治大学 2009 年硕士学位论文。

30. 杜康宁：《医师责任保险制度研究》，湖南大学 2009 年硕士学位论文。

31. 周天给：《医疗纠纷之医师民事责任之探讨》，台湾政治大学 2010 年硕士学位论文。

32. 吕芳芳：《我国医师专家责任法律问题研究》，重庆大学 2010 年硕士学位论文。

33. 刘慧芝：《医疗纠纷之理论与实证研究》，台湾政治大学 2011 年硕士学位论文。

34. 施宪佑：《以“病人为中心”（patient-centered attitudes）思维下的医疗契约民事法律关系变动》，台湾成功大学 2010 年硕士学位论文。

35. 邓文豪：《医师责任保险研究——兼论采行日本医师会医

师赔偿责任保险之可行性》，台湾东吴大学2012年硕士学位论文。

二、英文类

1. David M. Studdert, Troyen A. Brennan. Toward A Workable Model of "No-Fault" Compensation for Medical Injury in the United States. American Journal of Law & Medicine, 2001 (27).

2. Debra C. Cascardo. Steps Medical Practices Can Take to Minimize Their Malpractice Risks. Medscape Business of Medicine, 2003 (7).

3. Grant Fleming Esq. Wiley W. Souba. Minimizing the Risk of Malpractice Claims. ACS Surgery: Principles & Practice, 2003 (12).

4. Scott B. Ransom, Mitchell P. Dombrowski, Raeann Shephard, Michael Leonardi. The economic cost of the medical-legal tort system. American Journal of Obstetrics and Gynecology, 1996, 174 (6).

5. Stuart L. Weinstein. A multifaceted approach to improve patient safety, prevent medical errors and resolve the professional liability crisis. American Journal of Obstetrics and Gynecology, 2006, 194 (4).

6. Stuart L. Weinstein. Medical Liability Reform Crisis 2008. Clinical Orthopaedics and Related Research, 2008, 467 (2).

7. Patricia Born, W. Kip Viscusi, Dennis W. Carlton. The Distribution of the Insurance Market Effects of Tort Liability Reforms. Economic Activity Microeconomics, 1998 (10).

8. Robert A. Bregman, Jack P. Gibson. Professional Liability Insurance. http: //www. irmi. com/products/store/professional-liability-insurance. aspx, 2014-06-23.

9. Isaac Ehrlich, Gary S. Becker. Market Insurance, Self-Insurance and Self-Protection. Journal of Political Economy, 1972, 80 (4).

10. Randall P. Ellis, Thomas G. McGuire. Should Medical

Professional Liability Insurance Be Experience Rated? Journal of Risk & Insurance, 2010, 57 (1) .

11. Kilgore ML, Morrisey MA, Nelson LJ. Tort Law and Medical Malpractice Insurance Premiums. Inquiry-Excellus Health Plan, 2006, 43 (3).

12. Blaine F. Nye, Alfred E. Hofflander. Experience Rating in Medical Professional Liability Insurance. Journal of Risk and Insurance, 1989, 56 (2).

13. Bharat Sarath. Uncertain Litigation and Liability Insurance. The RAND Journal of Economics, 1991, 22 (2).

14. Phelps Charlec E. Experience Rating in Medical Malpractice Insurance. Santa Monica, CA: Rand Corporation, 1978.

15. Frank A. Sloan, Randall A. Bovbjerg, Penny B. Githens. Insurance Medical Malpractice. Oxford University Press, 1991.

16. Paul C. Weiler, Howard H. Hiatt, Joseph P. Newhourse, William G. Johnson, Yroyen A. Brennan. A Measure of Malpractice: Medical Injury, Malpractice Litigation, and Patient Compensation. Harvard University Press, 1993.